文學叢刊

王仙著

春在黃河

文史哲出版社印行

春在黃河 目次

第四輯 長安有路

王仙與我

黃　娟

雖然從事筆耕很久，我一直是個孤陋寡聞的人，許多已享有文名的寫作人，對我來說，仍舊像是陌生的存在。

與王仙巧遇的一九九三年，我不但不知道她是何許人，也沒有讀過她的作品。何況會面的地點是吉隆坡—那個出席率特高的「海外華文女作家第三屆年會」。

熙來攘往的人潮，此起彼落的笑談聲、寒喧聲，把會場襯托得熱鬧滾滾。但是那樣的場所，一向只給我莫名的失落感，好像覺得自己是個從外星球降落的太空人，錯愕地發現自己站立在不該出現的地方。

想到從老遠的美國東岸，穿了厚重的冬衣出門，飛向了夏天的吉隆坡，偏偏一下機就熬不過熱氣，把脫下的大衣、毛衣，一股腦兒遺忘在計程車裡，因此一出門就丟了衣物的不甘願，加上會場過於喧鬧的氣氛，使得「懊悔」之情，悄悄地爬上了我的心頭。

「眞不該來！」我咬著嘴唇對自己說。

好在「人算不如天算」，我自以爲不該來，「陪了夫人又折兵（大筆旅費加上丟失冬大衣）」的冤枉之行，後來卻證明是個「豐收」之旅。

其中最值得珍惜的是與「王仙」之間的友誼。

乍看之下，王仙和我毫無相似之處：

一、她是湖南人，一九四九年大陸變色之際，與成批流亡的學生，強擠上了軍艦，來到了臺灣。

我則出生在臺灣，一九四五年日本戰敗，才擺脫了日本的管理。

二、王仙熱情、外向；福泰的臉上，永遠掛著親切的笑容。

我性格內向、收斂，不輕易與生人交談。

三、王仙在寫作經歷上，算是大器晚成：第一本散文集《心樹》在一九八五年才問世。繼享譽卓著的《情之鍾》之後，近期即將上梓的《春在黃河》，是她的第三本大作。

我的寫齡很長，一九六五年即由幼獅出版社出版了第一本短篇小說集《小貝殼》，目前已經出書十五本。

四、王仙的一生顛沛流離，經歷之豐富令人咋舌。從記者幹起，歷經教師、生意人、播音員等等，她跑遍的地方還包括當年烽火連天的越南。所以她的作品以散文爲主，順手捻來，即以自然技巧寫出燴炙人口的動人作品。

我的經歷很簡單，除了「教書」，就是寫作。所以我的作品以「小說」爲主。習於憑想像力創作，以虛構的人物和情節，來表達自己的理念思想，就是我一貫的作風。

寫到這兒，也許有人要發問，這樣不同的兩個人，究竟憑什麼力道的綴合，使得兩個人多年以來結成了好朋友？

答案很簡單，我們倆對兩件事，有完全一致的看法：

一、做人的原則

二、寫作的理念

這不是說我們倆都喜歡板起臉孔來說教，還把文學作品當做「修身」或「勸善」的工具。只是我們覺得時下充斥市場的爛書太多，名爲文學作品，實則在煽情、或誨淫誨盜，甚或只做各種赤裸的描寫，來滿足低級趣味的也不在少數。

而所謂的作家人數，似乎比滿街跑的臺灣民代還要多，因爲寫過一兩篇文章，或出過一本書（不論其品質的高低）就自詡爲作家的太多了。

我和王仙不約而同的作法是絕對不迎合市場的需要，編輯們採稿的偏向也不在我們關心之內。

就因爲同樣堅持做人的原則和寫作的理念，我們倆——一在美東，一在美西，只藉兩年一次的年會見面，平時也不過是偶而寫短箋和通電話，即締結了堅固的友誼。

王仙這本《春在黃河》，是她更上一層樓的作品。全書共十二篇文章，即興式的短文很少，大部份是精心建構的作品。

有異國情調的〈湄公河的哀樂〉，寫一群在戰火中長大而成熟的學生，正當戰況緊張的時刻，爲老師送行的一段動人感情和子彈橫飛的驚人場面。讀畢令人迴腸盪氣！〈禍中有福〉最能突顯王仙的爲人。那種隨時伸手助人的古道心腸，不幸熱水燙身，鬧了嚴重的燙傷，她既不喊救命，也不會怨天尤人，還能以「禍中有福」，取得心中平安，更藉自己的災難，爲社區住客爭取福利。那種大愛，令人肅然起敬！〈蠍殃〉具有小說懸宕的技巧和意想不到的結局，令人猜想王仙染手寫小說的時日，應是不遠了。

壓軸戲的《春在黃河》，志在傳揚抗戰末期的國立中正中學的立校精神，和那時的學生吃苦耐勞生態，以及全校師生愛校、愛國的情懷。作者以大篇幅介紹舊同學在數十年之後團聚的場面，除了緬懷過去，該是激勵讀者的志氣吧！

限於篇幅，其它各篇的精采處，只好請讀者自身細細品嚐了。

無疑的，這本《春在黃河》，是文壇和讀者皆能受益的好書。王仙的第一本散文集《心樹》曾獲海外華文著述獎，第二本《情之鐘》又獲中國文藝協會散文獎。從王仙得獎的記錄可知：優秀的作家並不寂寞，文壇總還存有幾個識馬的伯樂。

根深那怕風搖動

卓以玉

第一次見到王仙(王玉傑)老師，是在洛杉磯西來寺華文女作家協會的年會時。第一眼看到她那小小的個子，斯斯文文的，頭髮往後梳一個髻。慈祥的笑著，有幾分像我幾十年沒見，腦中極疼愛我的外婆。所以，馬上對她就有莫明的好感。後來拜讀了文稿，知道一些她的經歷—由臺灣到越南教書再到美國。一手帶大四個優秀傑出的兒女。在紐約設計首飾，開計程車行，值夜班等等的苦鬥情形。除了好感更加上萬分的尊敬與佩服。

這本書裡的文稿，像蠍殃，湄公河的哀樂，禍中有福，三代親，抗戰小歌手，根深不怕風搖動，處處有路通長安，及春在黃河等，都是她個人親身的體驗。看了就像跟她一齊過了那一段日子，有喜、有樂、有哀、有痛……。

王仙是一位極虔誠的天主教徒，除了「永恒的愛」寫德雷莎修女，「璀璨人生」寫于斌大主教以外，在「禍中有福」，當她替鄰居解凍冰箱而全身被開水燙得起一串串的泡時，她以看聖經來止痛，毫無怨言。這是極少人能做得到的。「處處有路通長安」裡的小賊，連偷她三次，被她逮到，沒有報警，卻把他帶到天主教堂，請神父准他打掃教堂，換得三餐，並把稿費送給他買衣服。這種愛心，怎不叫人感動敬佩。

「根深不怕風搖動」這篇，是寫魂牽夢縈四十四年的初戀情人，重執手四目相接，卻不能親親抱抱，重續前緣。今天他身居高官，有妻有子，不能只顧眼前，一切只能留在心裡。久別重逢，短短的四天又分別。心心相印，眞情仍在，離愁萬縷，執手相看淚眼，道珍重。千里嬋娟，豈在朝朝暮暮？

壓軸「春在黃河」，兩萬多字細寫中正中學師生，故人重聚的歡樂情景。讀者也跟著王仙回去走了一趟。昔別君未婚，重逢時歲月在那些似曾相識的面孔上，留下了一條條的軌道。少年時青春烏黑的頭髮，在西安機場的風中，像一堆堆帶雪的亂草……。

五十年後重遊太乙宮翠華山，淳樸的村民生活依舊，山也是同樣的綠。二十多位同學，老師，飲水思源，爲當年的張中會老師祝八十三大壽。席中吟詩、撫琴，談各人的成就，不亦樂乎！

次日乘遊覽車，同遊軒轅廟黃帝陵，在香煙嬝嬝中，敲銅鐘許願。各地來的一隊隊中華兒女，又在黃帝陵側，高歌幾十年前的藝術歌曲—念故鄉。

王仙以優美流暢的文筆，記述了這次的歡聚。因各人有春在心，故國文老師孫藝秋爲之命名爲「春在黃河」。

王仙老師七十年前生在湖南藍田。七歲因戰亂隨父母去西安。十九歲去臺灣，九年半裡當了四個孩子的媽媽。廿八歲開始獨當一面，教書，開出版社。三十七歲因災異去越南教書三年。輾轉去香港，教了四年書，以後又回臺轉美。四十幾歲的她在紐約一住十九年。五十九歲來洛杉磯。

她說：「因爲有宗教，才能走過來的。不容易！」

今天已到了從心所欲不逾矩之齡。

王仙，希望你在有生之年，多多做些從心所欲的事吧！

卓以玉於日立草堂

第一輯 人間哀樂

蠍殃

九二年秋初，應西安同學之邀，參加太乙宮中正校友露營。老同學金超，約我就便在鄭州小住幾天，那裡正舉辦全國名酒展覽；河南出品的杜康酒，是詩聖杜甫的最愛，值得品嚐。金超次子，任職鄭州廣東飯店，向我推介該飯店的早茶樓，有不同口味的奇餚，爲我訂下六樓房間，方便享用。

晨九時起床，心懷吃興，乘電梯到設於四樓的早茶樓。還沒進門，已聽嘻笑囂叫，茶樓如同酒館，顯見生意盛隆。我獨自一人，帶位員領我坐在臨窗的雙人座，隨手招來食物車，推食物車的服務小姐，未經思索的取了一碟菜餚，擺在桌上。碟內，躺著身體黑褐油亮，頭生大眼雙鉗，腰有長短細腿，尾長帶鈎的東西，不曾見過，更沒吃過。

「這是什麼？」心在不規則的跳動。

「炸蠍子，很好吃的，營養豐富，是我們飯店的金牌菜，特別拿給客人嚐試。」服務小姐笑得像花，滿意自己的推銷詞。

「怎麼吃？」驚異猶在，疑問未除。

「一個一個慢慢細嚼，幾個幾個大把吃，看妳的牙功。」服務小姐推著食物車，笑咪咪地走了。

一

記得剛進小學，家住甘肅蘭州。有個雨天的黑夜，媽媽正在煤油燈下縫布鞋，大院外面，闖進一隊扛槍兵，把媽媽和我及同院住的婦女小孩，似老鷹捉小雞，捉人押上軍車。駛了很長一段路，到達目的地，將婦孺關進霉臭無亮的黑窰洞裡。媽媽們嚇得牙打戰，也有人破口大罵，奈何？沒人曉得被關的原因，窰門上鎖，無人可問。

霉氣使人喘不過氣，聽見小孩哭喊慘叫，我扭動頭臉，想聽清楚，是不是我的小玩伴哭叫？

「媽媽呀！痛死了。媽媽呀！有尖鉤挖我的臉。」尖鉤刺進右臉肉內，我痛得神經抽痙，手抱住頭，在媽媽懷裏叫。

剎那，窰洞又傳哭叫，又有人被鈎刺。黑壓壓地洞裏，母親看不見孩子何處刺痛？嚴不嚴重？此起彼落的哀號，撕裂了孩子們媽媽的心。

我臉麻脹，用手一摸，右臉鼓起，右唇亦腫，痛哭了。由於唇腫，哭聲出不來，只有跳腳，人多擁擠，跳起的腳，落在媽媽的「文明腳」上，她也叫痛。我哭著哭著，在媽媽懷裡睡了。不知睡了多久？似乎媽媽叫我，哦！窰門開了，一班大兵拿著槍，趕人出窰洞，趕人上軍車，用黑布矇住每個人的頭眼，軍車彎彎曲曲開了一陣，押車的大兵，取下黑布，像趕牛馬般，把狼狽的婦孺趕下車，軍車揚長而去。

劫後餘生的媽媽們，從馬路口奔進大院，哭著罵著，有人發現，焦憂的爸爸們，在院內等候。眷屬們看到男主人，如同隔世重逢，嚎叫滿院。爸爸抱住我，細看紫中帶黑的腫臉。

「蠍子，是毒蠍螫的，臉肉裏有毒液，快煎草藥給仙仙喝，化散毒，沖淡毒，要不，腫得更大。」爸爸目不轉睛的看我臉上，帶血的鈎刺傷口。

「也要擦外傷的藥膏，半邊臉腫啦，嘴也歪了！怎麼吃飯呢？」媽媽心疼的說。

「該死的張學良和楊虎城，綁架蔣委員長，已經該槍斃，還把國民黨的軍人眷屬，關在沒人住的窰裏，那不滿牆爬著蠍子？當然會被螫。大人的事，讓小孩受無妄之災，都該槍斃。」小蘋被蠍子螫到，她爸爸發脾氣了。

「大人也被蠍子螫囉！看我的手腕，腫得像腿肚。幹掉張學良楊虎城，作亂的人，不能寬恕。」胖媽媽狠狠地說。

「幸好張學良放了蔣委員長，否則呀！你們會被丟進黃河餵魚，殺人滅口。」豆豆的爸爸，沉重地說。

「爲什麼要綁架女人小孩？眷屬和他們沒有關係。被捉的那晚，都不知道出了什麼事。」豆豆的媽媽，不解的問。

「人質，張學良和楊虎城的計謀，抓眷屬們作人質；蘭州的國軍，都是蔣委員長的部隊，雙方談判的時候，軍人家眷的生命，操縱在敵人手裡，委員長可能妥協，他會考慮輕重後果。」豆豆的爸爸，對著院內的太太們說。

「我們能平安回家，是不是張楊叛亂失敗了？」高團長太太讀過詩書，問得有重點。

「緊張的局面，已經過去，但是消息紛紜。聽說張學良，請求護送委員長回南京。」爸爸回答高媽媽。

「快給孩子煎藥去，可惡的蠍子，害我家仙仙成了歪嘴妹，可憐喲！」媽媽見我用手摸臉，表情痛苦，抱我進屋。

二

「喂！女同志，妳吃不吃？不吃拿走了，搶手得很，好吃著呢！」服務小姐站在桌邊催吃。

媽媽抱我的餘溫，還暖在腦中，記憶的銀幕上，媽媽的臉，重重疊疊，大大小小。服務小姐的話聲，引我回到現實，回到吃炸蠍子的地方。

「蠍子生長在北方，對不對？我知道蠍子有毒，毒素很厲害，螫到人，毒素很快散開，先紅後紫，一會兒工夫，肉腫起來，像發酵的生麵。」我經驗十足的說。

「活蠍子有毒，炸蠍子無毒，能滋養身體，要是身體內有毒，能『以毒化毒』，清除體內原有的毒素。炸蠍子一碟賣人民幣二十元，雖然貴些，吃的人很多喲！滋補身子不怕貴。女同志，先嚐一個，好吃叫我。」服務小姐推著車，到別處兜生意去了。

從常識中，明白吃活的無毒生物，可以增加能量，使人精神充沛，有生命力。吃油炸蠍子，滋養身體，以毒化毒，不知可有實驗證明？難教人信服。然而，能在餐館公開兜賣，吃的人很多，可以姑且一試。牠的老祖宗螫我，只當運氣不好，不曾想過——有朝一日，要「以牙還螫」，牠那樣毒，誰敢嚐試？今逢良機，也只是滿足好奇，嚐嚐而已。

「嗯！真是好吃，味道鮮美，香脆甘甜，愈嚼味愈香，熟食生物中，沒有任何一種可取代。一句話，美極了。」我似說廣告詞，自言自語。

老同學尹燕曾說：「一九七三年和妳在香港同吃大閘蟹，事隔二十年，美味難忘。要是吃過炸蠍子，大閘蟹不再是極品。」

「小姐，小姐！再來一碟炸蠍子。」我吃得興起，很快吃光。

「來了！來了！」服務小姐應聲，飛快端來炸蠍子。

「這一碟四十隻，人民幣二十元。人家全桌人分吃一碟，妳一個人能吃下兩碟嗎？還是帶給其他同志吃？」服務小姐同志同志不離口，很刺耳，覺得聒噪。

「妳賣我買，別管給誰吃。」我不耐煩的拿起幾隻炸蠍子，塞進嘴裏嚼。她不理解，客人怎麼突然繃著臉？沒趣的緩緩離去。

三

教室外面積雪近尺，濃密的雪花在空中飄舞。我同班上小女生，拚命抵住教室的木門，阻擋門外的大男生進內，他們要抓走我們班的女同學。女同學的父親林文淵，是我們的校長，已被大男生緊綑在操場的槐樹上，現在要捉校長女兒，同綁在雪中的樹上。

高中男生，身強力大，初一女生，人小力小，頂得費勁。我是副班長，理當保護同學。因此，整個身體和力氣，全使在門上。不過，小女生的耐力不夠，木門終被推開，我跌倒在門後土牆角。闖進的大男生，抓走校長女兒。

「唉喲！唉喲！蠍子，蠍子！牆角……」我手指螫痕，指痛穿心，話說不清。

「我看到了，蠍子還巴在牆上，嚇！好漢做事好漢當，沒跑掉。」毓蓮扶起我說。

蠍子尾部的毒鈎如針，針刺到人，毒液立刻擴散，手指被螫，看著腫起。我咬牙忍痛，衝到操場，已經遲了，他們把校長女兒，亂綁在柿樹上，距校長約五尺。

「她才十二歲，犯了什麼罪？身上綑著一圈圈的麻繩？」我扯著麻繩，在深雪裡嘶叫。

「只要校長不阻止學生，到延安讀抗日大學，我們就放人。」有位麻臉高中男生，向我瞪著銅鈴眼說。

「我們學校，是胡宗南將軍，出錢出糧辦的，學校供吃住免學費，學生一文錢不繳。有吃有住有書讀，是抗戰時期的天堂，爲什麼要去延安投靠毛澤東？陝北又窮又苦，當然不去吃苦。」我是湖南人性格，有理不饒人。

「革命，就是要吃苦，吃得苦中苦，方爲人上人。校長反對學生做『人上人』，所以，要受處罰。叫他父女踏雪過一夜，看他反對不反對？」一位像梁山上的人，比手劃腳的說。

「這翠華山下，是西安最冷的地方，罰人在雪地過一夜，想要人命嗎？我把你的毛圍巾拉下來，看你的脖子冷不冷？」趁其不備，我躍起身，拉下他頸上的圍巾。

「小妹妹，不必同他們鬥，妳會吃虧的，好漢不吃眼前虧。等下訓導主任來了，會制伏他們的。」一位好心的高中女生，輕聲對我說。同時，搶走我手上的毛圍巾，還給梁山人。

學校鬧學潮，連續一週沒上課。直到佈告欄上貼著「開除六名違規學生」，才恢復上課。事後得知，綑綁校長及其女兒的大男生，是延安派來潛伏我校，做地下工作的「假學生」。學期結束，林文淵校長攜女返鄉，遠離禍害。

四

「女同志，妳和別人不一樣，閉著眼睛吃炸蠍子，準是味道不錯；閉眼享受，是不是？」服務小姐的聲音像銀鈴，在耳邊響著，想是神情異樣，引起注意。

「蠍子螫到手，手指全腫了。」人還在回憶世界，沒搭上現實電線，語無倫次。

「是嗎？都被炸死了，怎麼會螫人呢？我們的蠍子，全是『養蠍場』用人工培育的，賣到飯店以前，工人先弄死，大廚師醃過炸過，還會螫人嗎？」服務小姐怕差錯，詳細解釋。

越過時空，魂回現場，看到碟內剩著三隻蠍子，抓在掌中，一口吃下。

「謝謝妳詳細的解釋，確實很鮮很香。我看過活的蠍子，是蜘蛛類，黃褐色，頭部有兩個鉗，大單眼一對，小單眼數對，腹部有十三節，尾部很長，尾梢有尖鈎，鈎會螫人。我剛才本要告訴妳——蠍子螫過我的手指，只是在專心品嚐炸蠍子的鮮香，沒把話講清楚，讓妳誤會，不好意思」。我自己圓場，免得她以爲我神經錯亂。

「同志被蠍子螫過？妳今天吃掉兩碟炸蠍子，一共八十隻，以牙還牙，夠本哦！還要不要帶一碟回去報仇？」服務小姐很會做生意，知道見機行事。

以毒化毒，食療勝過藥療——腦中隨即閃出這句話。

「好！帶一碟回去，總共三碟，現在結帳。」經她提醒，想起金超說的杜康酒，如此好吃的炸蠍子，配以美酒，那就美上美，增多一件今生樂事。

我的桌位靠窗，猝然走來兩個看街景的人，椅後站著兩個等座位的人。看來眼熟，視線流轉，鄰桌已空。猶記鄰桌有七八個人，桌上只有幾碟菜，卻都抽煙喝酒。當我獨吃獨思，偶而看看衆生相時，他們斜瞄我，且低語，而這四個人，正是其中的一半。

曾住紐約十二年，看盡光怪陸離事。以眼前情況，首先將皮包掛在胸前，然後隨機應變，趁此瞧瞧他們的身法。服務小姐置炸蠍子於膠袋內，由於心生防範，繫膠袋於皮包上，雙手護胸，到門口櫃台付帳。

五

眾多等電梯人裡，那八人分散閒立，互使眼色。我成竹在胸，腦中佈陣。電梯來了，我穩住不動，他們猜不透我進不進？欲進又停。電梯門開始合攏，我奔跑到門口，兩手力推猛擠，貼門而站，定神環視，他們中，竟有四人同進電梯，可惜電梯往下，而我要往上。下降兩層，電梯停住，有人走出，我緊跟在後，四人中三人隨我出來，尚有一人來不及擠出。剛走兩步，另一電梯門開，良機飛來，我反身回跑入內，他們不夠精明，只一人追來。電梯上一層再停，早茶樓沒趕上的幾個，全進來了。如今一對五，他們臉露喜色，心想五個年輕漢，對付一個老太婆，必能得手。這種老鼠捉貓的遊戲，憑經驗與機敏，足夠應付技不高明的小老鼠。我掃瞄電梯中人的容態，揣測往早茶樓的佔多數。五人猜度——她已經吃完八十隻炸蠍子，夠飽的，不會再去吃。我心存計謀，合眼假歇，僅留一線視力，注意電梯上方的阿拉伯字。妙算準確，電梯停在早茶樓，眾人外湧，我側身外擠時，後面有人割扯我頸上的皮包帶，知道他們在下手，刀功很快，帶子已斷，但皮包掛在胸前，我雙手抱住，曉得他們志在必得，仗著梯內人多，我急轉回頭叫：「幹什麼？」動手的人驚呆，沒敢搶奪皮包。我跟隨人群出電梯，走在眾人中間，與人搭訕，四周查看，五人分走在我左右，伺機偷搶。忽地，我躍過衆人，飛奔到早茶樓門口，遂對迎賓員說：

「他們五個人，一直跟著我，總共有八個人，剛剛在裡面吃東西，坐在我旁邊的一桌，你們認識他們嗎？」我指著快走近的五個人，提高嗓門，導人注意。

「不知道，不認識，沒有見過。」迎賓員很有經驗的打太極。

「哦！哦！他們呀……他們……」收銀小姐走出櫃台看熱鬧，瞧見慢步歪走的那五個人，吞吞吐吐，欲言又止。

「他們是什麼？快說。妳不說，我去叫警察。」我用唱高音的調，邊說邊逼近收銀小姐。

「跑了！跑了！五個人都跑了。」我轉頭看，五人正分頭跑。

「賊！常賊。」早茶樓門口的觀衆說。

「捉賊呀！捉賊呀！跑的人是賊呀！」我嘴動腿不動，五個年輕漢，沒搭電梯，從樓梯逃走。

「女士，看妳不像本地人，是遊客吧？現在大陸的經濟在起飛，物價跟著飛，只有工資不同飛。港臺來的旅客，帶進資本主義的富裕，激發他們『人人向錢看』，各找錢路。這種偷搶事，時常發生，妳沒丟沒失，跑掉算啦！老大哥人多，窮嘛！」一位沒有河南口音的中年男人，走近我說。他手握行動電話，一身名牌，不像當地人。

「你也不像本地人，怎麼知道得這樣清楚？」我看這人，挺正派，談吐有識有知。

「我是台商，做酒生意，一年來鄭州兩三次。妳呢？」他看我一眼，笑了，笑得像吳伯雄。

「我第一次來，也許是最後一次。」感覺不好，沒有下次。

「資本主義的收入，平均比大陸多出二十五倍。來做生意的都有錢，他們眼紅，又沒資本錢滾錢，造成他們寧取今日一小雞，不要明天大母雞的現實觀念。雖然是下策，但政府沒能力增加人民的工資，只有睜一隻眼閉一隻眼，自找門路賺錢，人都要求生存的。妳住在這家飯店嗎？要不要陪妳搭電梯？」台商分析大陸現象。

六

「不要，謝謝。我在裡面吃炸蠍子，他們八個人坐在旁邊的一桌，看我一個人吃了兩碟炸蠍子，又叫一碟外賣，我結帳出來，他們跟著出來。」我簡述經過。

「哈哈！妳入鄉不問俗。此地年輕人的工資，大約一百七十元人民幣一個月。妳的三碟炸蠍子，是他們三分之一的收入。看準妳是肥羊，又是女人，怎麼會放過呢？」台商的行動電話嗶嗶響，他取下眼鏡，看來電號碼。

「大陸經濟起飛的不幸，是貧富差距加大。旅客就得『避惡如畏毒蠍』。我今天若不靈敏，就慘遭蠍殃。因爲反應快，躲過一劫，才有驚無險。謝謝你的開導，祝你大發酒財，多給臺灣賺些外匯存款。再見！」我向台商擺手告別。

一路人來人往，沒再見到那八位，放心回六樓住處。踏出電梯，見金超斜倚著服務台張望。他看到我，揚起杜康酒亮相。

「去那裡了？等了一個多鐘頭。昨晚，我愛人同志，爲妳滷了牛腱子、鵝掌、豆腐乾、海帶，還做了薺菜包。我給妳捎來杜康酒，嚐嚐杜甫愛喝的酒，喜歡的話，送妳十瓶，帶回洛杉磯作『詩仙』。」金超舉著杜康酒，笑得似頑童。

「我也有鄭州名菜『炸蠍子』，還有好玩的『人蠍』追蹤遊戲。」我搖晃著炸蠍子，給金超看。

「人蠍遊戲？很有趣。說來助酒興。」金超或想——開發中的鄭州，沒讓老同學失望。臺灣以民間當主角，用經貿打先鋒；臺灣的錢潮，流進中國，大陸的政府官員，更加貪污腐化，人民貧富的收入，更加懸殊，形成各顯神通，這是經濟戰爭的序幕。

——世界日報之世界週刊　一九九三年四月十八日

永恒的愛

虔誠的基督徒，都有靈修生活，靈修的目的，是與天主相遇；為了親近天主，信徒甘願捨棄榮華富貴，效法聖經中的人物，做仁心義行的事。而仁慈的天主，時時予信徒以機會，每天都在邀請信徒，於個人生存的環境中成聖，這是基督徒責無旁貸的使命。

耶穌說：「不是健康的人需要醫生，而是有病的人；不是有錢的人需要救濟，而是貧窮的人。」因此，仁心義行，要到貧病中去施展。聖保祿宗徒說：「我若有全備的信心，甚至能移山，但我若沒有愛，卻什麼也不算。」虔誠的德蕾莎修女，深明愛是慈惠，需用眞誠表現在行爲上，才具實質意義。故而，長久的爲貧窮中最貧窮的人服務。她不分國籍、教派、種族，爲印度教信徒、柬埔寨佛教難民、中東地區回教饑民，救苦救難。德蕾莎修女對所有需要照顧的人，一視同仁，她的博愛，折服了世界。

德蕾莎修女，一九一〇年八月二十七日，生於南斯拉夫，斯科普理市，祖籍是阿爾巴尼亞，世代務農；母親是位虔心的天主教徒，每晚領著孩子們祈禱。德蕾莎有一兄一姊，是三個孩子中，最受母親感召的，還是十二歲的小女孩時，已富有宗教情操。她的母親，非常賢惠，每當丈夫回家以前，無論多麼忙碌，必先把自己梳理清爽，以微笑迎接丈夫回家。德蕾莎的父親，在一所院會做顧問，她九歲那年，被人毒死。母親堅強地挑起撫育子女的責任。

一九二八年，德蕾莎十八歲年華，被母親送進愛爾蘭的羅馬瑞多修道院，那是一間以教育爲主的院會，德蕾莎從此成爲天主教的初學修女。在會中，德蕾莎修女很勤快，每天最早起床，進教堂作祈禱。院長見她篤實好學，送她去愛爾蘭接受教育。學成後，擔任加爾麗女子中學的史地教員。不久，因工作努力，升爲校長。德蕾莎修女在該校，從一九三一年做到一九三七年，共計六個年頭。一九四六年九月十日，德蕾莎修女乘火車，到外地去旅行，在往加爾各答的火車上，感奉神召；她聽到一個聲音在說——你要爲世界上窮人中的窮人，終生服務。她領會這是天主的召喚。於是，辭去校長職務，去學習醫護。此後的五十餘年，她大部份的時間，在加爾各答的貧民窟，濟世救人，實踐仁心義行。

一九四八年，德蕾莎修女到美國傳道團，接受護士訓練，結業後，返加爾各答，開設第一所貧民學校。一九四九年，首創仁愛傳教修女會。一九五〇年，成立「慈善濟助會」。一九六五年，在委內瑞拉設立第一分會。由於服務的範圍擴大，人數增加，需要更多修女參與工作；許多修女，出於對德蕾莎修女的敬佩，以及受德蕾莎修女的清苦修行、熱心愛人的精神所感動，自願加入救助貧病人的工作。一九七二年，德蕾莎修女的母親病重，囑咐其姊，死後不許德蕾莎奔喪，救人重要，眞所謂有其母，才有其女。一九七四年，德蕾莎修女唯一的姐姐，死於阿爾巴尼亞；德蕾莎修女因公忘私，沒去參加親人的告別彌撒。

德蕾莎修女，將窮人分爲兩種：一爲物質方面，一爲精神方面。物質方面，吃飽穿暖，有床有被，可歇可睡，就不可憐；精神方面，能愛人如己，有人饑己饑的仁心，就很富足。有一天，德蕾莎修女聽人說——一位有八個孩子的寡婦，他們好幾天沒有吃飯。於是，德蕾莎修女，帶了一大碗飯，去看望寡婦。那位寡婦捧著飯，分成兩份，一份留給自己及八個孩子，一份送給也是窮人的鄰居。德蕾莎修女從寡婦分一半飯給鄰居的行爲，肯定寡婦懂得分享的眞諦，是個精神富足的人。而有些富人，是將自己不要的物質，或多餘的食物，捐給別人，那不叫做分享。這世界上，最大方的是窮人，也只有窮人感受得到人饑己饑。

德蕾莎修女，有一次在加爾各答的貧民窟，看到一個被遺棄的老人，全身潰爛，長滿了蛆；她帶回老人，送進醫院，用了三天時間，把蛆一隻一隻的拿掉，再替老人清洗身體，然後，醫治疾病及爛肉。只是，老人已病入膏肓；臨終時，老人手摸一身乾淨的肉體，心存感激，口中不停的說：「謝謝！謝謝！」就在喃喃地謝謝中，老人安然離開人間。德蕾莎修女說：每當我爲一個痲瘋病患者，洗滌傷口的時候，覺得如同我在服侍天主。所以，我爲每一個貧苦病患做事，內心感到由衷的快樂。德蕾莎修女，用行爲「詮釋天主的愛」，她爲卑微的人，勞心勞力的做，仍在繼續請求天主——賞賜她夢寐以求的，不是被安慰，而是去安慰，不是被理解，而是去理解，不是被愛，而是去愛。她要做到，鞠躬盡瘁，死而後已。

德蕾莎修女，一生節衣縮食，非常儉樸；她穿八盧布一碼的莎麗（SARI），是市面上最便宜的布；鞋子則有什麼穿什麼，全是世界各國捐贈的。我們在電視上，經常看到德蕾莎修女，光著腳、痀著腰、披著藍條白莎麗，手中抱著一個乾瘦的病童。她每天早上，第一個進小教堂禱告。她說：「我是一個內心軟弱的人，自己的能力不夠，要依靠天主的大能；一切能源活力，全來自祈禱。我在寧靜中與天主交通，找到了生命力，有了韌性。」她還說：「慈善濟助會初成立時，缺乏人手，而工作上，急迫需要大量人力，我唯有用祈禱，尋求助力，感謝天主，我終於找到了。許多修女，都是來自當年在加爾麗女子中學，我做校長時期的學生，她們願意支援我。有了人手，我放手做事，將募來的每一分錢，用在貧病傷患的人身上。我救助窮苦罹病的人，不僅是物質給予，更是用愛心照顧。貧苦的人，需要的不只是憐憫，而是愛與同情；如果不愛他們，就沒辦法眞正履行事務，也得不到他們的信任」。

有位澳大利亞的成功企業家，很佩服德蕾莎修女的美德，深受感召，他對德蕾莎修女說：「你不獨照顧病人，還送愛心給病人或將死的人，也就是把最好的給別人。我要效法你」。

於是，澳洲企業家，除了每年捐贈慈善濟助會一筆鉅款，還要求德蕾莎修女，每年准他服侍病患一個月。企業家說到做到，每年到加爾各答的慈善濟助會醫院，專替病人洗澡。他說：「當物質生活達到飽和，精神上會感到貧乏；能爲貧病人服務，可以在精神上得到提升，內心感到安和。如果，只看到窮人吃什麼食物，住什麼房子，那不表示瞭解貧窮，唯有同一無所有的窮人共同生活，親身體驗他們的日子是怎麼過的，才明白窮人需要幫助，但不接受憐憫。因此，在幫助窮人的時候，得先忘記自我，再去施捨。切記懷著尊重與愛心，才是誠意的關懷」。

德蕾莎修女，創立的慈善濟助會（Missionaries of Chariey），如今在地球上，已有一百零五個國家地區，成立了五百一十七個分會，會中現有四千多位修女，散布各處，救助鰥寡孤獨、痲瘋病、愛滋病、棄嬰、被社會遺棄的人，瀕臨死亡的人……。德蕾莎修女在接受諾貝爾和平獎致辭時說：「世界上最可憐的國家，就是準許墮胎的國家。今天，和平的最大破壞者，是殺害未出生胎兒的人；社會上，少有人爲被殺害的胎兒求生存。我所能做到的是收留棄嬰，人棄我取；且向社會呼籲——你們不要嬰兒，請把嬰兒交給我，我只有用收養嬰兒，來抵制墮胎。現在，慈善濟助會，已收養了五千多個棄嬰。但是，我們照顧不了全世界的棄嬰，我只有努力的祈禱，仰賴天主，請求天主賜我達成被指派的任務」。德蕾莎修女，年高老邁，身短枯瘦，而散發出的大慈大悲，無以倫比的宏愛，滋潤了苦澀心靈的窮苦人，感動了出錢出力的好心人；她慈航普渡的精神，贏得各種宗教人士的崇敬。她時常懺悔，有位記者問她：「像你這樣聖潔的人，還需要懺悔嗎？」她答：「我每星期懺悔一次，懇請天主寬恕；因爲我們是人，會犯過錯，需要反省，期待寬恕。耶穌是天主教徒的天父，他慈愛衆人，會寬恕衆人；如同孩子做了錯事，做父母親的會給子女反省的機會，然後寬恕。因此，我要常懺悔。」

聖經上說：「願意進安適的地方，先該在水火中過活。」慈善濟助會，五十年如一日，爲世上最貧窮的人，勤勞不懈。德蕾莎修女說：「耶穌爲我們捨棄了生命，我們也要不惜一切的去幫助他人。愛，只是用說，是不夠的，要言出必行。眞正的愛，必會帶來痛楚，但不能半途而廢，要盡全力愛到底」。現今，許多天主教修會，在教務管理上衰退，唯有仁愛傳教會，如日中天，在世界各地蓬勃成長。德蕾莎修女，有次在彌撒中說：「天主給我們的修會，最大的禮物和快樂，就是每天二十四小時，和最窮苦的人在一起。」

古諺說：「人皆可以成堯舜」，但要一步步眞眞實實地做到，且有耀目成績顯於世，并非易事。德蕾莎修女被世人稱爲「當代活聖女」，那是她日日月月年年，不倦不歇的救苦救難，五十一年。她得過五十多種國際性的獎金，皆用作救濟不幸的人。一九七一年，教宗保祿六世，頒授「教宗若望二十三世和平獎」給德蕾莎修女；一九七九年，諾貝爾和平獎的榮冠，戴在德蕾莎修女的頂上；一九九三年，香港大學欲頒贈德蕾莎修女社會學榮譽博士，她回答香港大學校長說：「我忙著服侍窮人，沒空領獎」。後來，香港天主教的樞機主教胡振中神父，懇切說明，勸之再三，她答：「好吧！勉強同意。」榮譽是俗人的最愛，而德蕾莎修女的最愛，是服侍窮人。

一九九六年十一月，德蕾莎修女，因爲心律不整及心臟衰弱，住進醫院；治療不久，她執意出院，理由是放心不下貧病的人。一九九七年九月五日晚間，德蕾莎修女心臟病突發，搶救無效，死於印度加爾各答的仁愛修女會總部，享壽八十七歲。終生與窮、病、苦爲伍的德蕾莎修女去世了，她在一生中，從沒享受過榮華富貴；若不是獲得諾貝爾和平獎，她的事跡在傳媒上曝光，世人不會知道，身高只有一百五十公分的德蕾莎修女，擁有堅強的毅力，遼闊的胸懷，誠摯的仁愛。

德蕾莎修女的葬禮，選在一九九七年九月十日，因爲這一天，是她生命中的聖召日；那是一九四六年九月十日，她在火車上，福至心靈，感奉神召，畢生救苦濟貧。由於這一天的神召，德蕾莎修女付出半世紀的歲月，用眞愛擁抱窮、病、苦的人，爲世人立下奉獻犧牲的好榜樣。

世界各國的領袖，爲這位濟世偉人的逝世，同聲感悼。美國總統柯林頓說——德蕾莎修女，拯苦濟貧，熱情處世，是世人的精神領袖。澳洲總理霍華德說——德蕾莎修女的博愛，已觸及地球上千千萬萬人的生活，是窮苦人的明燈。印度總理古吉拉說——德蕾莎修女，爲貧病的人，帶來愛與和平、溫暖與喜悅。現在，她去世了，我們印度、以及世界，因爲傳播愛與和平的德蕾莎修女離開人間，這世界，變得更加可憐。教宗若望保祿二世說——愛與服務，賦予我們生命的意義，使生命變得美麗；德蕾莎修女，爲貧苦病人，竭盡心力，她的生命，美麗光華。仁愛傳教會的繼承人尼爾馬拉修女說——我也要用悲憫情懷，慈善愛人。

德蕾莎修女，躺在簡樸的棺木內，而棺木外，覆蓋著印度國旗；印度全國下半旗，并鳴放二十一聲響炮，以國葬禮向德蕾莎修女致敬，百萬民衆，跟在靈柩後面，含淚送行。有位送行的印度教徒說——德蕾莎修女爲窮人做事，從不問信什麼宗教，她的博愛，永世不朽，我們永遠愛她。

天主教以信望愛之德，做爲信徒安身立命的基礎。德蕾莎修女，百分之百履行了。她強調，愛的工作，就是和平的工作。她的美德，是人間閃耀不息，永恒的愛。

原載「美國文摘」一九九八年六月號

湄公河的哀樂

湄公河發源於中國西藏高原，它流過寮國、泰國，經由越南注入南中國海，越南土地，幸得湄公河水滋養，農產豐饒，魚蝦豐盛，人民生活富裕。

可惜，越南國運坎坷—經歷十九年動亂，八年熱戰，國情忤弱；至一九七二年初以後，北越勢如破竹的攻來，傷亡慘重，戰況危急，總統阮文紹只得動員全民救國。因此，公私營電台，時時播出「國家存在，一切存在：國家喪亡，一切喪失」的呼籲。於是，全國進入緊急狀態。

由於前方迫需大量兵援，政府即頒佈屯軍，下令關閉所有公私立大學及專科學校，廢止以宗教理由緩役，規定年滿十七歲至四十三歲的男公民，必須入伍。故而，常有父子當兵，家中經濟重擔，全由妻子獨挑的現象，生活陷於困難。

當時我任教的天主教鳴遠高中，多數高二、高三男生，已年屆十七歲，且收到政府徵召入伍令，並限期去「光中訓練中心」報到，接受爲期兩週的軍事訓練。光中訓練中心，每期結業人數約八千人上下，但短短兩週，槍法還沒練熟，就被送到戰場打仗，徒增傷亡人數。十幾歲的大男孩，沒有成熟，沒有作戰經驗，更缺乏衛國認同，基本上擋不住炮火。雖然，政府急著將結業生送去前線，然而，各家報紙以頭條新聞，報導前線死亡慘重的消息。這類殘酷事實，嚴重挫傷他們的意志與勇氣。

班上十七歲的學生即將入伍，十六歲的學生情緒波動，沒心聽課。下課後，學生三五成群聚在一起，預計下次徵召入伍的年歲與時間。若家中有小兩歲的弟弟，尚能藉用弟弟身分證冒充，得到緩役，否則，唯有遵命。華僑學生家長，商人居多，不少人是商而優則仕。有錢的華僑子弟，讀私立名校，騎名牌機車。鳴遠高中的學生，多數屬有車階級。學生停車場，經常停放六百多輛摩托車，一千多輛自行車。每天放學，此起彼落的機車發動聲，響徹校園。當機車、自行車魚貫而去，停車場空蕩寂靜。

我常佇立在臨校門的石椅上，目送學生們跳上機車，呼嘯而去。西貢堤岸的馬路寬平，卡車、汽車、機車、三輛車、自行車、木板車等，可在同一線道行駛，沒有警察開罰單。

每天晚餐後，坐鎮學校的王神父，專司牧靈的宋神父，及耀漢中學校長梁修士，加上不敢獨自出校門的我，習慣性的到後院六樓平台上散步，看火箭飛越上空，降落西堤附近；火箭落地，火焰騰起，遠處傳來哀叫、爆炸，人命財產盡燬。最近，天上的火箭愈飛愈多，路邊的地雷愈埋愈多。地雷已經埋到市區街上，被炸死炸傷的人驟增，也常有熟人在內。學期還沒結束，執行校長王國伯神父，約我到校長室談話，尙沒到續聘時間，猜不出談什麼？我心忐忑。

走進校長室，王神父正踱著方步，見到我，挑起慈眉，用手理著頭上稀散的白髮，說：「越南是亞熱帶，稻子一年收割三次，學校一年有三學期，替政府加緊培育人才，教書人會喜歡這種教案。從妳來教書的第一學期開始，注意到學生很敬愛妳，妳也沒被火箭地雷嚇破膽，證明妳喜歡這裡的環境。當然，妳經歷過八年抗戰，禁得起考驗，對不？」

聽不出主題，像是閒聊。

「只說對一半，你知道我在臺北開的十月出版社，出版俄國和大陸作家的書，警備總部的辦案人，認爲戒嚴時期是徹底反共抗俄，而我出版敵方的作品，是替敵人作宣傳，違抗政府命令，認爲教書匠敢違法，必定有幕後主使人。事實上，當時市面上充斥日本神怪書、畸型愛情小說，我的動機只是介紹啓發思想的書，讓青年人欣賞辨別；已經出版的『沈從文自傳』及『白痴』與『死屋手記』，同反共抗俄政策不抵觸，警備總部爲防患杜微，就查封出版社，通輯社長，我只得來越南教書活命。」我心懷不平的說。

「早知道後患這麼嚴重，當年不該把自由太平洋印刷廠的那批機器和鉛字給妳用，妳就不會成立『十月出版社』，印刷俄國大陸的那批書。妳這匹騾子再大膽，沒有機會，成不了事。好啦！過去的擺一邊，我明白妳的苦衷，不會強要妳回臺灣。今天找妳來，是告訴妳一件我想了很久的決定。妳仔細聽著—最近的戰況非常悽慘，越南撐不久了。美國人干預越戰三十年，軍事介入十三年。如今，看到前線戰爭節節失敗，美國人撤軍了。現在，南越還有七百多架軍用飛機，空軍比北越強，但是陸軍薄弱，一天陷落數十個城市，民心亂了，肯定維持不了多久。妳早點離開，妳是四個孩子的媽，我不能讓妳的孩子沒有媽。至於妳教的高二、高三國文，我請宋稚青神父代妳教下去，時間不致拖太久，妳放心的走。」王校長神父背著雙手，踏著沉重步子。

「校長，請讓我留下。緊要時候，我可以幫你做點事。現在，臺灣還在戒嚴，不回臺灣，能去哪裡呢？」我發愁。

「美國香港隨妳選，現在進美國，可以給妳十年簽證，十年內可隨時去美國。到香港，那更好辦，中央信託局的王代表，他的鄉親熊式一博士，是香港清華書院的創辦人兼校長，妳去教國文或近代史，不會失業，生活沒問題。喏！這裡是三十萬越幣，今年的暑期補習費照發，妳不用教補習班。這是去香港的機票，我私人送妳的，想去美國的話，機票照送。妳這兩週，把學生的課文和作業，趕快告一段落或結束。可以帶些越南特產走，到時，我叫司機老余送妳去機場。」校長遂把拿在手上的大信封給我。

「校長什麼都安排好了，相信你考慮了很久。既然不要我留下，那你多保重了，我會常想平台上看火箭飛過的事，不知能不能『後會有期』？你這麼好心，以後要謝謝您！」我濕著眼，狠咬著嘴唇。

「祈禱吧！求天主保祐我校師生，都能逃過這次的空前浩劫。有命會再見。」王校長渾圓的皺眼，注視著室中央牆上的金色十字架。此時，長窗外的藍空，閃過銀白火箭，我們同時奪門而出。

※　　※　　※　　※

高三孝班，是我從高一教起的一班，相處時間比較長，師生感情比較深。當我告訴他們『下學期不教了，因爲校長顧慮我的安危，怕我的小孩沒有媽，要我留著命照顧兒女。所以，趁新山一機場沒有關閉以前，離開堤岸，不能挨到學期結束，因爲機場隨時會被火箭射中』。學生們沒有人挽留我，他們七嘴八舌的罵美國總統尼克森、越南總統阮文紹，北越領袖胡志明。

「老師，我們嘴巴不敢說不要妳走，但是，我們心裡要留住妳，很矛盾的，怕眞的留住妳，偏偏眞的死了，妳的兒女眞的沒有媽了。好！老師走吧！我們盛大歡送妳，請老師去看鄭少秋和森森、班班兩姊妹的歌舞表演。他們很棒，是香港無線電視台的紅歌星喲！」關爰媛高興地提議。

一九七二年初夏，港星鄭少秋、奚秀蘭、張慧、森森、班班；台星姚蘇容、包娜娜、楊燕、張帝、左瑩、李亞萍、雙燕姊妹，正在堤岸豪華戲院登台獻藝。

「不看表演，去邊和，到湄公河畔吃越南菜。怕老師這輩子不會再來越南，去吃最後一次。」王曉曜提出相反的意見。

「老師，我們忍痛同意妳離開。不過，妳還沒有教到我們畢業就先走。妳的這群桃李，有朝一日當了政府大官，也能掌權治國，保證不打仗，要再回來教書。妳喜歡這裡的巴黎情調，臺灣大使館的宮殿建築。我們在大使館的綠色琉璃房，白玉雕花的台階上，拍了很多照片，是可貴的紀念，妳別丟了。」張滋仁提醒我。

「當官治國，未必成眞。不過，越南物產豐富，海鮮便宜，可以飽食，回來度假吧！我今天有個主意—請老師坐我的新車遊車河。我載老師到西貢堤岸的熱鬧街道，作告別巡行。然後，去湄公河畔的岸邊餐廳吃生菜海鮮，還有老師聞到就大叫的『魚水』，一定要再吃一次，以後想吃就得搭飛機來了。對啦！還要請喝大杯的『越南啤酒』，算是替老師餞行。」孫潤民得意的接腔。

「孫潤民，我不同意你一個人帶老師出城，要去，大家參加，萬一有事，人多手多好辦事。我們去最近市區的邊和海濱酒店吃醉蝦乳鴿，這是『師生最後晚餐』。原則上，班上同學都去，若有別班同學願意跟隨，那更好。大隊機車尾隨孫潤民的日本機車，很神氣喲！老師，妳像英國女王一樣，巡視街景，流覽店舖，揮別西堤，威風啊！保證是妳這一生再也遇不到的事。我們鳴遠高中日夜間部加起來，有三千多學生，僅只日間部，也有二千人，這可是歡送天王天后的陣容。嘿！壯觀！」王曉曜興奮得拍手說。

「不能有太多人參加，就你們班上的人夠啦！人少可以聊天，同老師話別。我同意坐機車逛馬路，是新鮮經驗，難忘的回憶。」離歌奏起，別緒浮上心，又是另一種離愁，我呆立在黑板前。

「我該去告訴老師教的其他班級，叫願意同去的人在校門口集合。」班長陳強見我呆著不動，晃著略肥的身軀，忽遽出教室。

半小時許，校門圍牆外、空地上、人行道、馬路邊，排滿各型機車，車上的學生騎士，渾身活力，等待出發。孫潤民的新機車。是日製本田一千CC，後座寬軟，坐位平穩。

「從初二開始，爸爸准許我騎五十CC的臺灣摩托車上學，到現在已有五年的騎車經驗，老師放心坐。」孫潤民拍著胸，向我擔保。

「既然答應，百分之百信任你，我坐好了，開路吧！」我雙手圍住孫潤民健壯的腰。

陳強嘹亮冗長的哨音一響，孫潤民發動本田車，轟！加足馬力，領先開路，陳強、王曉曜左右護行，張滋仁、雷怡潔緊跟在後。我反頭後望，鳴遠高中所在地的阮智芳大道，長長密密地機車，列隊緩駛，陣容壯偉，如同經過閱兵台的長龍隊伍。

開動約十分鐘，見學生車隊長得不見尾，遠望校門口附近，似有螞蟻般的蠕動，我憂疑六百多輛機車都來湊熱鬧，豈不造成交通阻塞？

「陳強，你怎麼對同學說的？看！大隊人馬同行，佔滿了阮智芳大道，別的車不暢通了。快！去告訴後面的同學──這是高三孝班的活動，不是全校的。馬路上的機車過長過多，警察會干涉，影響了校譽。」鳴遠高中是西堤名校，遐邇知曉。我不願因小失大。

「我去前樓後樓、禮堂操場、圖書館內轉了一圈，說王老師不教了，最近回臺灣，高三孝班的學生，現在載老師遊車河，願意參加的同學，推機車到校門口等候。正好是放學時間，他們就一個轉告一個，全是自由參加，不會都來。擠公共汽車坐朗米達（註：當地交通工具名）的同學沒來，騎自行車的沒來，必須回家幫忙照顧生意的，想來也來不了；只有走路回家的，他們順路的話，搭便車同樂。所以，前半段路人多，是壯氣勢，下半段路才是眞正要去的。就這一次，沒有下回。」陳強拉長聲音說。

車隊浩浩蕩蕩，蜿蜒前進，除了少數自行車在隊伍邊緣騎，偶而有吉普車駛來，學生立刻讓出車道。經過幾所學校，越過放學群，擁擠漸緩，機車改爲六輛或四輛一列，邊騎邊說。有學生仿傚張帝唱急智歌，把遊車河實況編成歌來唱。也有男女生學著鄭少校唱「青春舞曲」，路人含笑看年輕人的飛揚神情；尤其鄭少校俊逸高挺，歌聲清亮，歌迷很多，學他的腔調討人喜歡，路人拍著手同唱。

越南人貧富懸殊，有私家轎車的少之又少。因此，馬路上的八條車道，車輛稀疏，每當學生放學，才出現人多車多的場面。今天，竟有六輛機車排成一字併駛，且是說說唱唱，爲戰爭鎖眉的百姓，也舒展笑容。車隊經過盛名滿市的同慶大酒樓，日日車水馬龍的情景不再，歌星舞后登台表演的鮮紅布條沒掛出。華燈耀眼的雲景夜總會牌樓，依然高懸艷星群相，卻已無往日軟紅十丈，歌聲遠播的盛況。

車隊離開市區，人數逐次減少。步行回家的，已在半途離隊歸去，與高三孝班不熟悉的，也在適當地方轉往他街搭車回家。城外路寬車稀，車速顯著加快。

「老師，從現在起，妳要坐穩抱緊，我的技術表演開始了。」說著，孫潤民猛踩油門，扑前直衝。

學生們風馳電掣，彎身飛飆，看他們上身前傾，目視前方，各個勇悍，像參賽的選手。

看得我頭暈眼花，開始害怕，卻不敢叫喚，憂懼孫潤民緊急煞車，反出意外。間或我說一聲「不要太快」，只因車聲喧闐，掩蓋了人聲，沒有聽見。

我鎮住心跳，閉嚴雙眼，兩手牢抱孫潤民，頭部緊貼在他背上。大約半小時後，感覺車速漸慢，轟隆聲漸低，睜眼一瞄，哈！湄公河已在眼前，喜出望外。河水無波，河床上漂著水草污物，偶然流過的樹枝上，鉤著乾魚，學生認定是機關槍掃射河裡可疑物時，慘遭冤死，被樹枝帶著飄流。

大隊機車駛向綠草如茵的河濱，鄰岸有排長約五百尺的大茅棚，棚前叢樹修成鳥形，一群綠鳥繞成半圓，樹旁放著各色胡姬花的盆景，在鳥腳下展艷；高直的椰子樹，垂著肥長綠葉，六角形的夜燈，繫在樹腰，一組組矮桌矮凳，擺在椰樹根側，這便是今天晚餐的邊和海濱酒店—露天餐座。視線所及—流水、茅棚、椰樹、綠叢、麗花，很詩情畫意的地方。

近百輛大小機車，整齊的停置在茅棚左邊草地上，百餘位學生各找好友，環坐在矮桌旁擦汗。低班學生，多係高三孝班學生的弟妹，他（她）們自動去斜坡上的涼亭搶購新鮮椰汁，給騎士解渴。

王曉曜停妥機車，最先奔進長方茅棚，想是去訂座位。伙計領著王曉曜在臨河岸的棚翼，找到兩張寬長桌。

「老師，這邊靠河，座位不錯，妳能走過來嗎？」我踩過一條條枕木，河水從腳下淌過，水色深綠混濁，一件軍衣浮在水上，我「哇──」的一聲驚叫，以爲是屍體。

「老師，別怕。河裡搭房子的木頭，材料同建橋樑的一樣，常年浸在水中，不會腐爛，而且是愈浸愈結實，放心走過來。」王曉曜猜想我擔心枕木斷了，掉進河裡。

我轉頭看豹紋的草綠軍衣，正隨水輕蕩，不是浮屍，鬆了一口氣，但神情仍在恍惚中。這時，雷怡潔跑來扶我走枕木，我輕巧落腳，放心走過。

「老師，妳一定沒有看過眞打仗，看到一件軍衣，嚇得走不動了。離西貢不遠的前線，死人堆得像小丘，等著運回，天天都有親人去認屍，敢不敢去看？」雷怡潔試探我。

越南斷斷續續的戰爭，小孩在戰火中長大，膽量隨著年齡增加。

對岸，也是一排排地矮屋矮樹，長長地窗戶寬寬地門，兒童穿著小短褲，露出古銅色的肌肉，正用畚箕在河裡撈蝦。有的小頑皮，快樂地在河畔打水仗，邊打邊叫，有個孩子滑倒了，我正著急，他從下游水中鑽出，仰游到同伴中間，繼續玩水。

從長棚走出五六個伙計，手持水晶壺，到各桌送啤酒。我們這桌，男生有陳強、王曉曜、孫潤民、張滋仁、溫錫明，女生有關爰媛、李惠芬、張小鶯、雷怡潔。小鶯愛唱歌，拿手歌是「愛你一千次。」剛坐下就唱姚蘇蓉的「今天不回家」。她一開頭，衆人跟著齊唱「今天不回家」。我從沒認眞聽完這首流行歌曲，現時，由學生特殊心情的音調中，有點像「訣別曲」，有些男聲低沉，女聲輕柔，更增氣氛。

李惠芬在大家唱完後，一面拭淚一面說：「這一餐，是給我們敬愛的王老師送行，我們知道老師有兩兒兩女，教我們跳『紅河谷』的是大女兒，我們見過，另外還有三個。所以，校長不聘老師，是眞的怕不長眼的火箭地雷，燬了老師的性命，小孩眞的沒有了母親。你們都曉得，隔不了多久，就該輪到十六、十五的男生上戰場，再就沒有可以用的人了，越南也就沒有了。今天一同吃飯的男同學，都已接到入伍當兵的通知，這頓晚飯，名義上給老師送行，事實上，也是給上前線的男同學送別。沒有人能保證，今晚共餐的男生，今生還有再同吃晚餐的機會否？這是痛心難忘，也可能是大家的訣別餐，我們會吃不下去的。所以，今天不能唱『今天不回家』，太敏感，太容易聯想了。我來唱凌波的『遠山含笑』，代表對未來的期望，祝大家還有『美好的明天』。」

李惠芬一字一字清脆的唱完，把「笑」字拉得很長，掃去了同學們心中的烏雲。

「現在，我們敬老師啤酒，祝老師平安離開。但願老師走的那天，新山一機場沒有受火箭攻擊。」李惠芬端起桌上高約八吋的長杯，豪氣的飲盡。

「全體同學，起立，舉杯，向老師敬酒，感謝她的教育和愛護。老師不能參加我們的高中畢業典禮，其實，男生要入伍當兵，也畢不了業。我們這些聽慣槍炮聲，在戰爭中成長的華僑子弟，炎黃子孫，因爲居住在越南，要去保衛越南的國土。我們的祖先是中國人，我們也是中國人，和老師一樣的中國人，越南危急了，老師可以回臺灣，回到中國的土地上生活，而我們這些越南華僑子弟，要同越南共存亡。老師啊！我們是中國人嗎？同學們！乾杯，坐下。」陳強是很有領導能力的班長，他激動得說不下去，掩面而泣。

寫菜單的伙計來了，張滋仁用越語說了一大串菜名，只懂簡單越語的我，仰首傻看。

「越南青菜，是用手拿著蘸魚水吃，而且是大口的吃，大口的喝啤酒，用不著斯文。」張滋仁笑嘻嘻地對我說。

「好！好！我學你們的吃法。」我順著他的意思說。

我們閒聊不久，開始上菜，伙計送來十大盆新鮮青菜，我只認得菠菜、香菜、紫蘇葉、綠豆芽，其他的菜叫不出名字；還有兩大盤醉蝦、燙蜆、燙魷魚、生魚片、烤乳鴿、法國牛排，一籃蛋餅，兩盤素春捲，十條法國麵包，十碟魚水，擺滿長桌。

「叫這麼多吃的，太多錢了，讓老師請客。」我不忍心。

「我們非常誠意，很心甘情願，並不是每位老師離職，我們都會請吃飯。說實話，妳未必再吃得到我們的飯，也許，今生今世見不到面了。所以，不可以說不，因爲這是最後一餐。」

溫錫明站起身，挾了醉蝦和燙蜆給我，又端來一碟魚水，深度近視的他，逼視著看我的反應。

最後的一餐，不就是永別了嗎？我瞧著魚水，心哭了。舉目遠望，視線被肥綠的椰葉擋住，看不清夕陽的餘輝。晚風拂面，我已視覺模糊。

「老師，別同我們客氣，這麼多人合請，太小兒科了。這種機會，這種場面，今後難再有。越南這個國家，資源富足，被他國覬覦，總在打仗，從爸媽到我，都是聞火藥味過來的。這次，美國動用五十四萬三千四百大軍，挾著雷霆萬鈞的大勢，對付蕞爾河內政權。人家北越有蘇俄中共支持，美國人看到情勢不對，爛仗難打，就要抽身不管了。這種虎頭蛇尾，草草收場的結果，唯一的好處是可能不必再打仗了，因爲越南本身沒有能力抵抗北越，只好由河內來管越南了。這是越南人的悲哀，也是美國人的羞愧。」孫潤民年輕的腦袋裡，裝著對戰爭的痛恨。

「妳看！正前方遠處的山嶺，就是前哨，一個重要地方，已經是戰場。那裡駐守著七十五名美軍通訊員，那些人在美國，全是專家工程師，他們在山上，豎立無線電天線，所有通訊，都由他們負責。他們雖然人少，可是武器精良，威力可以抵禦一次地面攻勢。因爲，他們作戰科技化，按個鈕就打仗了。故而，北越不敢偷襲，那個前哨，從來沒發生過戰事，應了最危險的地方也最安全那句話。可是，那些管通訊的專家，看透了兩方的實況，已經不想打爛仗，天天在等著回美國。」陳強的大哥是翻譯員，知道內幕，有獨家見聞。

「本地的越南人，妒忌華僑，仇視華僑，對華僑的稅金年年加多。他們懶慣了，不去賺錢，又惱恨華僑賺錢多。其實，他們明白華僑勤勞苦幹，錢是苦幹得來的。這幾十年來，國家打仗，出錢最多的是華僑。現在，還要出命，我們爲什麼要爲懶人送命呢？」張滋仁憤怒地說。

「中國大陸，最近兩年給予北越的軍援，有十七億美元。緣起北越領袖胡志明，大半生都住在中國，中國政權支持胡志明對越南民族解放，把南越變成共產國家，老百姓就被共產啦！」溫錫明托著瘦腮，怒忿地說。

「北越的共產黨很厲害的，那些十五、六歲的小兵，把捉來的野兔關在籠子裡，放到猛烈的太陽下曬半天，然後捉出兔子，在兔子身上綁上炸藥，再將兔子偷偷放到峴港美越空軍機場邊緣。兔子看到大飛機腹下的蔭涼地方，本能的跑去機腹下散熱。小越共蹲在遠遠地場外計時，沒多久，兔子身上的炸藥爆開，火光飛噴，機片四散。哼！小小兔子立大功。」關爰媛平時不愛說話，說起話來，竟是震駭驚人的戰地陰謀奇聞。

「哎呀！幾十年爛仗打下來，北越南越都沒有兵了，才用十五、六歲的大男孩擔任破壞工作。近幾個月，越南軍隊傷亡增加，阮文紹總統也跟著學囉！把你們這些十七歲的青春男生徵去當兵，也要把青春少女徵去參加救護隊員，都是沒有經驗的大小孩，我這人見了血就會昏倒，說不定傷兵沒救活，自己先嚇死了。」張小鶯閃動著烏亮大眼，伸伸舌頭說。

「我不一定會去做救護隊員。我媽前天去買菜，不小心滑倒，摔在菜場的爛菜堆上，菜堆裡藏了手榴彈，半條腿給炸掉了，一定是附近潛伏著搗亂的小越共幹的。我的爸爸哥哥都在安祿前線的炮火下愛國，家裡只有媽媽和我，我要照顧媽媽。」李惠芬的眼淚，連串落在桌沿上。

「尼克森訪問俄國後，決定停火。堤岸的中國人，開始賭『和平日期』，盤口滿天飛，賭注大得咋舌，可見中國人內心反對戰爭，不願意犧牲。」溫錫明父親開酒樓，有民間的小道新聞。

「聽你們說話，看出你們見多識廣，都是早熟的孩子，這是環境的歷練，使你們頭腦靈活明智。現在，你們要利用戰禍的衝擊礪志；人的意志，能在逆境中愈挫愈堅，人才會愈礪愈銳。雖然，悲慘的情勢讓人憤慨，但不能因此喪志。倘若喪志，就是加倍損失。唯有禁得起苦難折磨，才承受得住人生路上的狂風暴雨。我知道亂世的人膽子特大，大膽可以，但要細心，記住，將在謀而不在勇。鼓勵自己不在奮鬥途中倒下，能熬到最後，就會成功。」想不出得當的話勉勵他們，現實中看到聽到的，全是悲、怨、恨。

「對呀！西貢街上的酒吧，香醇的巴黎咖啡，堤岸街上的歌廳、舞場、銷金窩，還是有人進進出出，只是生意差些。擺在路邊的美國軍衣、用品、紅蘋果、紫葡萄等等，都有人去買，日子還是要過的。」陳強灑脫懂事的說。

「妳知道吧？北越土地貧瘠，丘陵地帶多，耕種地方少，年年收成不夠，缺乏糧食。而越南，土地肥沃，年年豐收，糧食充足，還有花天酒地的去處，北越人羨慕死了，決心拚命打仗，打贏了可以吃飽飯去玩樂。」孫潤民語帶江湖腔調。

「老師，妳去過堤岸公園嗎？裡面有座孔廟，孔子塑像有一丈多高，香火旺盛。老華僑說孔子是安南人。漢唐時期，安南向中國稱臣，遵行孔子的入世主義，主張把塵世改造成樂土；樂土的意思，就是社會安定，百姓安心，個人安全。因此，越南華僑常到孔廟，請求孔子顯靈—我們願意踏實推廣孔子理念，祈望孔夫子能賜我們享受安定、安心、安全。這種現象表面像是白日夢，其實，正是越南華人的心聲。」關爰媛合掌說。

「好了，做不到的別作夢，目前能享受的是這頓豐富晚餐。別講話了，快點吃完，太晚了看不清路況，不幸踏上地雷，就成了樂極生悲。」王曉曜很細心，警惕大家注意。

「老師，多吃些鮮魚青菜，多蘸些魚水，才有越南風味。越南的啤酒可以多喝，不會發胖。越南人瘦子多，都是啤酒大王。」關爰媛又拿一碟燙魷魚，一碟魚水，一碟青菜給我。

從街上男女路人的柳腰看，確是瘦子多。鳴遠高中的女生，常穿白綢長袍黑綢長褲上學，長袍從腰際開叉，露出纖腰，烏亮的長髮，平直地披垂背腰，一步一波，柔柔軟軟，窈窕淑美，我常佇足欣賞。

筆直的椰樹，遮住夕陽照射，樹下晚餐的學生說：「這裡很涼快，老師！到我們這兒來吃。」椰樹下的學生，看我們這桌說得熱鬧，巴望我去那邊聽他們的馬路消息。

我站起身，眼睛一掃，十一桌，加上我們這邊的兩桌，正好「十三」，心上一驚。我雖不迷信，但閃著十三不吉的陰影。

「老師，不能去，人數太多，要說好久，我們的時間不多，得趁太陽落山前回市區。因爲郊外常有越共出來搶食物，他們帶著槍的。」孫潤民嚴正說。

「公路上沒有路燈，看不清路面，容易碰上地雷。這不是嚇人，是天天發生的事實。」溫錫明加重語氣。

「各位同學，你們推代表來向老師敬酒。有話要說的，敬酒的時候講，這樣節省時間。」陳強站到露天餐座中央，環視各桌學生說。

陳強是學校的樂隊指揮，也是升降旗時唱國歌的指揮，有領導能力，有潛在魅力，即使同年級的，也服從他。

首先來敬酒的是葉蓁，她白淨矮瘦，說話的聲音像麻雀。

「老師，再等一年，就等到妳教我國文，妳要教完我們這年級，才能回臺灣。我的祖母天天拜佛祖，佛祖會保祐越南，不會亡的。」她瞪著眼睛等我回答。

「學妹呀！作夢喲！怕是等不到一年，越南已亡了，用不著聽老師講『滿江紅』了。」雷怡潔直爽的說。

葉蓁赧然一笑，轉身跑了。接著又來了十多位男女生，各個捧著大杯啤酒。

「不得了，你們手上都有啤酒，要乾杯嗎？胃裝不下，能不能打折扣？」我笑著徵求同意。

「不能。老師不去我們那邊說話，我們自己過來純粹敬酒，敬到老師醉倒。」高一忠班的班長蕭明，立正站著，舉杯先乾。多麼樸質的大小孩。

「好！老師來試試酒量，要是沒有醉倒，我很高興，謝謝你們給我試酒量的機會。」我看著蕭明，喝光手上大半杯啤酒。

孫潤民手握啤酒瓶，替我斟滿啤酒。

「老師應該守信，負責喝酒，我負責載老師回學校。由我倒酒，不使同學們喝不到酒，也請同學們原諒，我不敢把喝醉的老師送回學校。大家都知道，看管門房的張伯，認眞盡職，老師進入校門，逃不過他的注意。他雖然不敢查問老師，可是，他會照實報告校長，校長會追問喝醉的原因。想想看，大隊學生出城，老師喝醉了，訓導主任會不管嗎？這是戰地，隨時有意外發生，學校特別提高警覺。這樣吧，老師不陪每人喝一杯，隨老師的酒量，同學們可以盡興喝。」孫潤民用眼睛要求同意，大家首肯同意。

喝到第九位，我已周身發熱，熱汗浹背，汗珠冒在額上。怡潔走來攙扶，好在意識清醒，硬撐著喝到最後，學生們含笑回座。

這家邊和海濱酒店，餐廳一角建在河裡，河上架著十餘尺的小木橋。小廚師將網投進河，立刻撈上數尾活蹦的魚，成了客人今晚的盤中餮。順著眼波看去，河中有水草竹葉，碧色中亭立著一撮黃色小花，心中暗喜，許是黃色象徵和平的直覺。想到共餐的小男生，生命的花朵還沒綻放，就要投進戰場，說不定戰火從此呑掉年輕的牲命，和平只是奢望，不由得全身顫動。

「你們看，河裡的水草上，開著黃色鮮花。」我喃喃自語，覺得黃花尚且可以在水中生存，而人的性命卻掌控不住，令人悲酸。

「湄公河很長，發源自喜馬拉雅山的西藏高原，越南和中國有水緣關係，黃色鮮花可能來自遙遠的地方。」張小鶯閒閒地瞅著黃花。

孫潤民立刻離座，跑去茅棚抽來一根特長茅草，走向木橋試水深淺。而後，疾奔到柳樹下，爬上樹幹，兩腳鉤住彎向水面的樹枝，平著身子倒懸在河面上，伸手鉤花，懸空的人體搖動著，第一次搆到卻沒摘下，他再次使勁前傾，終於把花抓在手中，應了有志者事竟成。隨即，他兩腿交替著夾住樹身往下退，陳強敏捷地上前幫他落地。孫潤民一手拿花，一手的兩指放在嘴裡吮，原來是黃玫瑰的刺把手指扎出血了。

「黃色意味和平，該是戰爭快結束了。老師，別走了，今晚就不是最後晚餐。」雷怡潔揮動紅手絹說。

孫潤民雙手托著三朵鵝黃色的玫瑰，恭敬地遞給我。

「我媽媽說黃色代表吉祥，我採到黃玫瑰，如同得到吉祥，希望老師同學，人人吉祥。」

孫潤民手舉V字，示意成功。

「謝謝孫潤民的吉祥。祈望大家帶著吉祥回家。」我揚起三朵黃玫瑰。

「我覺得那三朵黃玫瑰來路奇怪，怎麼會出現在水草裡，會不會別有玄機，……」鄰桌的施永振站起身，正在說不同看法。

湄公河上，吱……吱……吱……有東西快速跳躍，水泡一個接一個，緊跟著，又是吱……

……吱……吱……水花一串串冒起升高。

「是子彈，有人開槍，子彈上了岸會傷人。快走，離開座位。」機靈的陳強，站到長桌上大聲說。

陳強吩咐各桌派人結賬，沒事的騎車上公路。然後，嘹亮的吹著緊急哨音。

「各位同學，請走中間三線，千萬不要騎到公路兩邊去，注意路邊的異狀。」孫潤民站在施永振與溫錫明兩人彎背架起的人椅上，對集合在公路的車隊騎士囑咐。

晚霞滿天，亞熱帶的炎熱正在降溫。學生們在中間線上，併列行駛，說笑唱歌，忘了水上的「子彈跳舞」。越南公路，汽車機車同車道，各行各路，沒人干涉。將近百輛機車，佔住中間三線，別的汽車只得走靠邊兩線。學生們互視眼色，忘形叫笑。開汽車的人，看見機車蜿長如蛇，不知什麼機關辦大活動，卻也增加公路上的景觀，不但沒按喇叭催讓路，反而拉下車窗，伸出頭來和學生說話、打招呼。

正說得起勁，猛然響起震耳巨聲，空氣中散滿濃烈的汽油味，黑煙一團團衝升，焦悶嗆鼻。前面的騎士煞車回頭看，後面的機車來不及減速往前衝，公路上呈現混亂。我直覺著學生出事了，即刻叫孫潤民停車。急忙跑到火光熊烈的路邊，看見一輛汽車被炸得四分五裂，油箱著火，車在燃燒，人在燃燒，兩個火人在地上亂滾，站起又倒下，沒人敢救。因為汽車輾到地雷，恐懼周邊還有地雷，再碰到即再爆炸，不敢冒險救人。

我正驚愕時，忽聽學生號叫「救人呀！救人呀！」反身一看，右前方圍了一堆學生，我速趕過去擠進人堆，見高三仁班的丁生燁，閉著眼躺在地上。

「傷到哪裡？覺得怎麼樣？」我手按丁生燁的胸，冷汗一顆顆滾出。仁班的曾輝解開丁生燁的上衣鈕扣，翻動他的身體查看，沒有傷痕，沒有鮮血，我的心跳加劇。

「會不會是內傷？摩托車呢？」我緊張地問。

丁生燁苦扣眉頭，像是很痛，又搖著腦袋，好似無恙。曾輝忽地扶起丁生燁，取下揹的水壺，給他倒了一杯椰汁喝下。丁生燁兩眉鬆開，眼睛隨著睜開，深深地喘口氣。

「我的機車，走在中央線的右方，有輛汽車走在路邊線的左面，前座坐著兩個人，開車的人搖下玻璃窗問：『你們在辦什麼活動？』我答：『給老師餞行。』他再問：『怎麼有這麼多騎士？』……突然轟隆一聲爆炸，我以爲自己中地雷，本能的跳離開機車，人撞到袁中成的左肩，他正在往前衝，我被衝力彈開，跌在地上，我就大叫救人呀。啊！我的背好痛，大概脊椎骨斷了。」丁生燁又扣緊了眉。

「這可不得了，死了兩條命，傷了一個人。如果我們沒有佔住中央車道，不就避過這次災禍了嗎？」我自責著。

「老師呀！這是越共的陷害，他們埋藏地雷，目的在造成死傷，擾亂民心。幸好死的不是學生，我們是國家正要派用的新兵，沒爲國家作戰陣亡，枉死在公路上，是浪費戰鬥力。阮文紹總統，不知要給校長加多大的麻煩，那就更慘了。」曾輝另有看法。

「喂！誰借皮帶給我？幫我把丁生煒綁在我的腰上，要兩條才夠用。我的車子寬，很安全。」陳強不愧爲班長，自願載丁生煒回家。

張滋仁拉起丁生煒，曾輝和袁中成解下皮帶，幫忙綑住，張滋仁同孫潤民檢查橫倒在路中間的丁生煒機車。很幸運，車身沒損，只有前輪壓在爆片上，車輪燒成黑皺圈。

「附近一定還有地雷，我們趕快離開現場。先把丁生煒的機車拖到加油站寄放，明天帶新車輪來換。大家注意，不要擠在一起走，不要說話唱歌，不要靠近馬路邊，留心路旁泥土鬆散的地方。」孫潤民檢查完畢丁生煒的機車，站到自己車座上，一字一字地對大家說。

「我們就這樣走了嗎？該去看看那兩個人有沒有救？如果還有氣，我們送去醫院急救。」我放心不下兩個火人。

「老師，我們不是紅十字會，目前的情形是先自保，不能施捨仁慈。我們去救他，要是踩到附近的地雷，多賠上幾條人命。我們這批男生，就要去當兵，進了戰場，好難活著回家，讓我們保住自己，再在美好的人間，開心地多活幾個月。今天，我們強顏歡笑，爲老師送行，留個快樂回憶。要不是我們眞心愛老師，不會選湄公河濱的邊和酒店。市區內有很多出名餐廳，有越南風味情調，適合餞行。我們想要老師再看一次湄公河，牢牢記住。誰敢奢願下次再見面啊？」溫錫明目不轉眼，哀痛地說。

「準備，開動。」陳強寒著臉，毅然下令，吹著長哨催促。

我默然坐上孫潤民的機車後座，心裡載著沉痛，眼瞼關不住淚珠，似覺爆炸聲又在耳際響起，濃烈的火藥味撲來，戰火熊熊，在心上擴散……

※　※　※　※

鳴遠高中的執行校長與行政校長，全由神父擔任，平日謹言愼行，爲安全計，表明不去機場，就在校門口道別。王國伯執行校長，莊重的替我戴上「鳴遠校徽」，掛一串唸珠在我胸前，轉身走向司機老佘。

「老佘，你要機警謹愼，保護王老師安全離境。」王校長眼中含悲，斑白的稀髮，在風中微動。

鄭鴻志行政校長，送我一件精美工藝品──一個頭戴笠帽，背披烏髮，身著白袍黑褲，手提「鳴遠書包」的女生雕像，神韻維妙維肖。我捧著痴看，愈看愈愛，愛不釋手。

「在戰地教書，能體驗到許多人生難得難遇，還能平安回家，是雙料值得，替妳高興。離開後，多關心這裡的人，爲大家祈禱。希望有天能在臺灣見到妳，但願不是夢想。」鄭校長飽學善心，他藹然可親的看著我，肥厚的大手，拍著我的肩膀。

「上車吧！一路小心，記得來信報平安。」王校長神父替我拉開車門，催著我快離開。

將近機場，重重高立的鐵絲網，直豎在機場外圍，嚴禁行人接近機場，僅留一條通道，供出境人專用。汽車轉進專用道，聽見遠處傳來一字字柔長地叫王老師。

「王老師，妳看，第二道鐵絲網右面，有人向這邊招手。」老余經歷三十年戰時生活，機敏的發現聲音的來處，要我辨認。

「好像是女生，會是誰？這麼勇敢。」我扭轉頭尋望，很快地看到。

「我把車開回進口地方停住，妳下車去和她說話，用手語告訴那個女生快出鐵絲網，這裡是禁地，到處埋著地雷，走路要留心。奇怪了，她怎麼進去的？被軍警捉到，死路一條，踩到網下的地雷，也是死路一條。她眞有勇氣。」老余神情緊張。

順著鐵絲網走了一段路再彎過去，她已看到我走向她，我以右手指馬路，示意她走出鐵絲網，去馬路旁見面。學生領悟意思，跑了一段止步，改用爬行，她彎來彎去地像蛇般爬了約五分鐘，鑽進最右側貼牆的網底，熟悉靈活的鑽了兩次網底土洞，再爬過網沿，站起身來靠網而立。看到她已出了鐵絲網，我奔去迎她，看清楚是雷怡潔。

「雷怡潔，妳太大膽了，我好擔心。老余知道鐵絲網底埋著地雷，很危險的。」我心疼地看她，撫她散亂的秀髮。

「我的大姨小姨，都是天主教修女，小叔是天主教神父，他們會對天主祈福，保祐我辦事順利，安全回家。我來告訴妳—心中有個願望，還要再看到妳。還有，妳教的那群男生，被通知提早入伍。因為，這幾天前方戰爭更激烈，傷亡加倍，住在醫院養病未癒的傷兵，只要右手指能扣板機的，全被阮文紹總統召回戰場了。我昨天下午知道消息，決定把最新情況轉告妳。今後，妳難曉得我們的變動了。妳今天乘中華航空班機離境，是大姨懇求王神父告訴的，知道時間班機，我就到機場入口地方來等妳，等到了！」雷怡潔滿懷歡喜的說。

我感慨萬千，雙臂攬住雷怡潔，她哇的一聲嚎哭起來，必是多種情緒積心，亦忍不住生離的哀傷，便洩發出來了。我哄著勸著，哭聲漸低，慢慢止住。

「陳強住在我家附近，他來告訴我接到提早入伍的命令，班上同齡男生都接到。他說現在已是新兵，男生不能來送行，機場是個敏感地方，捉到了會被槍斃。陳強家開海鮮店，有個越南警察，常藉查問事情，到店裡偷活魚。警察『放水』給陳強—從機場鐵絲網底挖個洞，可以爬過去，到入口處送行。陳強馬上送一簍活魚給警察，警察再放水—右面牆角地方沒埋地雷，憲兵就從右角的網門進內，作安全檢查的。這是高度機密，很管用。」雷怡潔眉飛色舞的說。

「幸好貪小利的警察露口風，我們能再見一面，天主成全了妳。妳眞的不怕憲兵捉去？」這個小女生，使我心折。

「女生捉去，了不起提早做救護隊員，派到前線的戰地醫院做事，不必進戰場打仗。因爲這樣，陳強才放心叫我送消息給妳，我毫不考慮的答應了。」她抿嘴點頭，顯出做對了的表情。

多麼純眞善良。我緊抱嬌俏的怡潔，感覺她心跳加速，想是她壯著膽來，全賴信德，當即取下胸前的唸珠，給她套在頸上。

「這是剛才王神父送的，充滿聖寵，天主護祐妳回家。」我不捨地親她。

「時間差不多了，出關查行李很麻煩的，可以走了。」老余走出汽車，過來提醒我。

「學期快結束了，大考完後，勸告阿姨修女，盡快去臺灣，妳也跟著去，那裡有很好的天主教中學大學，妳必須繼續讀書。」我告訴怡潔，她沒回答。她的眼神呆愣，似在想什麼。

「哦，差點忘了，這兒有妳兩封信，其中一封是沒能參加送別晚餐的。陳強交代，務必交給老師。」怡潔從口袋掏出信，我正要拆開……

「到飛機上看吧！這位學生，妳不能進機場，在這裡等我。送走老師，我載妳回家。」老余果決地說。

怡潔伸手來抱我，老余用臂擋住，她哭喪著臉，望著我殷殷哀泣。我明白老余怕依依難捨費時間，誤了班機走不成。這時，我愁腸九轉，越過老余的手臂，熱情地抱了一下雷怡潔，然後，揮動著無力的手，上了車。汽車開向專用道，雷怡潔搖著手跑著，彷彿聽見「老師，我會去臺灣，臺灣見……」

越南機場人擠人，各個臉上掛著淚。大家手上，提著揹著大包小包，離鄉逃命的哀苦，在道別聲中清楚明白的聽見。

「王老師，學生冒險來送妳，很值得安慰，我會負責送她回家，請放心。這是我自己的手工雕刻，給妳放在書桌上。」老余從布衣袋取出精巧的手雕十字架，慎重地放到我手中。

「喲！雕刻得這麼精緻，你可以改行做工藝生意。謝謝你，我會放在書桌上，天天看到，爲你祈禱。」我將十字架放入皮包，伸手向老余告別。

關卡口混亂推擁，老余在遠處叮嚀著「小心、小心！」擴音器播著「魂斷藍橋」主題曲，悲涼在空氣中旋轉，心中湧起湄公河邊，師生晚餐的情景。

飛機上，座無虛席，卻有站位，怎麼能站著乘飛機呢？據說是重號，眞的是逃命時期，搏命了。騰空的機身掀起沙塵，已看不見老余的車影。

坐定後，迫不及待的取出怡潔給的兩封信，我抽出第一封，竟是毛筆寫成的新詩。

妳彷佛是一陣春風。

吹過了一樹桃李；

願桃李的芬芳，

永遠隨著春風迴蕩。

王老師：媽媽中了地雷，家中只我一人，須在醫院照顧，沒去參加最後晚餐，作一首新詩留紀念，是我的眞心話，請不要丟掉。

學生劉劍昌敬贈

一九七二年六月二十三日

於越南堤岸鳴遠高中

凝視窗外，淚流霑襟，沉思良久，取出另一封信，確是欲看又不敢看。

王老師：妳是我一生中最欽佩的人。在我受業衆多老師中，我會敬愛妳一生。

妳認眞教學，以孔子言行培育學生，妳以身作則，種種表率，銘刻在我心版上，永遠不磨滅。

妳走了，我惆悵萬千，悲傷莫名，請老師莫因時間與空間的遠隔，減少師生情感。請求老師，永遠作我知識上與精神上的導師。不能拒絕。

遺憾沒法給老師送行的學生

陳強叩拜

一九七二年七月二日

看完陳強的信，感動得加深離愁，負荷的悲痛更沉重。不動的悲痛，讓我腸愁心碎。

蔚藍的晴空下，流著浩蕩綿長的湄公河水，河畔哀樂融會的告別晚餐，牢記我心。南越慘烈的戰爭，雖已熄滅二十四年，然而，血浪腥風，災禍苦難，傷亡哀痛，永遠烙在越華人民的心底，列爲美國參戰的敗績，刻印在歷史的古道上。

（「國際日報」副刊一九九七年七月十六日至七月二十八日）

第二輯　喜福在心

三代親

家庭中，有老中少三代同住，人多事多。要使上和下睦，唯有實踐倫常。所謂倫常，便是上慈下孝。上慈可使「少者懷之」，下孝可使「老者安之」。能夠老安少懷，自然平安和樂。

然而，慈與孝，需要時間耐心；大家同住一屋，又有骨肉關聯，理當珍惜共處的機會。彼此慈孝相待，知足常樂，衝突自會減少。為人母，做到「慈」，一切在慈中—眞誠的慈顧子媳孫輩，就是至善；為人子媳，做到「孝」，一切在孝中—眞心的關愛上一代，就是至善。在善的原則下，彼此互讓，必然海闊天空。

為使安寧，家中只能有一位主婦，那就是兒媳；請看「安」字的結構，是一位女子在房中，而不是兩位。故而，做婆婆的，無需維護尊位，不必堅持傳統，與自己不相干的事，不要過問插嘴。因爲，國無二君，家無二主，才能「西線無戰事」。

教育背景與生活環境不同的人，住在一起時間久了，難免會發生大小不等的是非，因爲人都有不同的缺點，長輩亦如是。所以長輩時時要三思，勿使缺點任意顯露，讓自己有後退的餘地。因此長輩要「知止常止」，不要堅持自己的看法，饒人是福。長輩凡事站在理上，凡事體恤兒子的立場，讓他有活動空間，處理事情有彈性。若是家中有「夏雨春雷」，或「指桑罵槐」的聲音，不要裝進耳內，不聽自然無，可以繼續做慈愛的事情。

慈愛兒子，只提供互利而有建設性的意見，絕不增加他的壓力和煩瑣，言談時鼓勵兒子採用「禮義治家」，來平衡某些偏差。慈愛兒媳，應盡心盡力幫助家務，照顧家中大小，讓兒媳安心放心的工作。遇到她繁忙煩躁時，體諒她、引導她平靜情緒。

晚餐後，通常家中飯後有聊天，長輩不要缺席，因爲聊天是溝通的良方，最好的橋樑。聊天像根「電線」，是通達的導管，有了這條管道，可以瞭解許多事情，找出是非發生的原因，然後對症下藥。上一代的觀念，不能守舊，守舊會使聊天中斷。所以，老年人也要汲取新觀念，閱讀新知識，以增加聊天的話題。老而不學，便是「老而衰」，會與現實脫節，愈來愈不明白年輕人的心向，造成彼此難相處的局面。

孫輩們純潔坦誠，對待他們，不只是慈愛，還要寬厚。成長中的孩子容易犯錯，要用理開導，用愛感化，用鼓勵代替責備，用協助獲得信任。千萬別站在兒子媳婦的一邊，齊聲指責孫輩的前非今錯，使孫輩疑惑大人的作爲而產生對抗。小孩看大人，是用顯微鏡，任何大小事，都會放大觀察。欲穩住祖輩信用，得做到慈寬公正。當棘手事情圓滿處理完了，祖母宣佈功勞歸於兒媳，誇她是愛護孩子的好媽媽，她是孫輩最親的人，勿需把功勞貼在自己臉上，送人善，會得善。

我的家庭，人口衆多。我有兩兒兩女，都已成家立業，住在美國的不同城市。我和長子一家人，住在山明水秀的西湖村。長子在加州大學教書兼系主任，還負責在太空中心作實驗的學生指導，非常忙碌。長媳開牙醫診所，是位基督徒。她的技術高而收費低，是個好醫生。她每週工作六天，常有熟人打電話到家中預約看牙，特別辛苦。

在這種情況下，家中急需司機，以減少子媳的負擔。於是，我去學開車並考取駕照，擔起接送孫子孫女上學放學，以及課餘參加童子軍活動、教會露營、打網球、學游泳、習素描、彈鋼琴、學聲樂、舞蹈等。不論任何時間，我都耐心陪伴等候。

我不會游泳，孫女游泳時，下水陪伴，讓孫女覺得我關心她；我不打網球，孫子打網球時，我做個勤快的撿球員，讓孫子覺得我喜歡替他做事。在孫女學習鋼琴聲樂六年後的現在，已能作曲作詞，每當我生日，兒子送我紅包玫瑰，孫女爲我彈奏演唱。孫女每次旅行回家，記得買一件漂亮的禮物送我。孫子學素描，六年後，參加學校舉辦的素描比賽，獲得首獎，孫子更捨得把最心愛的首獎素描給我。最近，孫子請我去看成龍主演的「紅蕃區」，在電影院的販賣部，他買了兩包爆米花兩杯可樂。然後，手搭在我的肩上，搖著走，像老少同樂的朋友。

我有小潔癖，嚴禁孫輩坐我的床。有次，孫子領著孫女跳我的床。他倆一面吃炸薯條，一面在床上亂跳，我愈阻止，他倆跳得愈起勁。這是我忍耐的底線，爲了做到「慈寬」，克制自己不生氣。忽然，不知什麼風吹來，我倒在床上大哭。這突發動作，嚇住他倆，楞著不動了。恍惚間，覺得他倆在替我拭淚，兩人各站一邊，各抱一盒面紙，一個擦左眼一個擦右眼，嘴裡喋喋地說：「下次不跳了，下次不跳了」。哭沒多久，莫名的情緒過去，我坐起身來，他倆緊抱住我的頭哭著笑著叫著「奶奶」！我睜眼看地上，床的兩邊，散亂著紙巾，空盒翻丟地上，原來胡抓時用光兩盒紙巾。

物質的富裕，提昇生活享受；而上慈下孝，使精神充實安樂。身爲天主教徒的我，更應顯揚「愛的包容」，切實做到放下，放鬆，放開；就是五十而知天命，一切放得下，六十而耳順，一切聽得進，七十而從心所欲，一切放得開。經年累月，慈善豁達，必然子子孫孫三代親。

洛城「慈母手中線文集」一九九六年五月十一日

禍中有福

這是一幢美日合作公寓，建成已十二年，住有九十九戶退休老人，半數以上是日裔，其餘分屬美、華、韓、西族群，經理副理及修護人員，全是日本人，助理與義工，由經理甄用。

朱大姐是華日聯姻，丈夫桃太郎和她結緣於中日戰爭末期。當年，桃太郎駐守「陝西潼關要道」，朱大姐是閿鄉鎮的農家女，桃太郎因催索納糧而認識溫婉秀麗的朱荷花。自此，千里姻緣，千迴百轉，堅貞不移。

一九四五年夏末，桃太郎作戰受傷，左腿斷裂，荷花採草藥止血治傷。抗日戰爭勝利，桃太郎自願當中國女婿。在那時，是罕有的中日配。

常聽朱大姐談她的中日奇遇，總是怨甜各半。她說：桃太郎和我成親，使我受盡羞辱；那年代，中國人恨日本人入骨，我家躺著左腿動不得的日本鬼子，害我月小被人罵二十九天，月大被人罵三十天。可他貼心得教人丟不下。移民美國，住進美日公寓，屬於日本人的天下，沒人罵我，可以安享老年。才揚眉吐氣三年多，我的老鬼子胃癌死了，老運還是不好。當年爲了保命，老鬼子跟我學河南土話，我就不必學日本話，我們日常溝通，手語多過口語，沒進過學堂的我，有時候是雞同鴨講。他死了，留下我這中文盲、日文盲、英文最盲，百分之百的睜眼瞎子，比從前天天挨罵更苦惱。

公寓內的華人佔極少數，朱大姐在語言表達上，需要協助；我在陝西長大，與河南有地緣關係，略懂河南話。因而，朱大姐和我，較別人多些往來。

朱大姐身高一四二公分，保有四吋半金蓮的小腳，鞋子全是自製的。她雖是三科文盲，但受黃河古文化的孕育薰陶，時常出口成章，而且恰切。有次陪她去看病，她說，行要好伴，居要好鄰。我很驚服。

九六年八月二十二日，上午十時許，朱大姐來扣門。

「大妹子，我的粗脖子今天開刀，妳送我去醫院挨刀，就是中國城那家中國人開的醫院。」朱大姐臉上冒出急汗。

聽罷朱大姐的話，疑惑中國城只有一家中國人開的醫院，不必記醫院名字，只記住今天開刀。

「怎麼不早說？萬一我今天沒空呢？現在要去嗎？」我問。

「下午兩點，咱們吃過中飯去。我正在化冰箱上層的冰。要是開刀後得住院，不知道多久才能回家，可能冷凍庫裡的食物不能吃了。我化完冰過來，妳早點吃飯。」朱大姐轉身，移著蓮步往門口走。

「我現在閒著，去幫妳化冰。」以爲化冰是件容易事。

「行！妳比我高，只要把一大鍋開水，放進冷凍庫，沒多久，就嘩啦嘩啦的掉冰塊，三大鍋開水的熱氣，把冰箱冷庫融得光光溜溜，乾淨得很。」朱大姐很有經驗。

朱大姐家的爐子上，正燒著一大鍋開水，那煮粽子的特大號鍋內，水花滾滾，熱氣騰騰。

「這開水滾了多久？妳過去怎麼端上冷凍庫的？」我暗自估量能力。

「大概滾了六、七分鐘吧！水愈滾愈能化冰。我是踩著小板凳端上去的，我端給妳看。」朱大姐信心十足。

「不要，鍋子太大，又是滾了很久的開水，我怕妳的小腳踩不穩板凳。妳今天要開刀，留著體力，我來端。」實在不放心。

「我做過好多次，沒事。」朱大姐不服輸。

「我年紀比妳小，力氣比妳大，還是我來。」繼續力爭。

「哦！湖南騾子，比牛還蠻，讓騾子稱能。」拗不過我。

我端起滿滿一鍋，熱氣拂面的開水，卯足膂力，舉進冰箱上層，小心試放，覺得穩妥，便鬆了手。可能積霜過久，早已結冰，且是敞著冰庫門，正在解凍，底面光滑不平，剛脫手，整鍋開水翻倒，鍋裡百分之百的沸水，全都傾潑到前胸，由前胸飛彈到臉頰下巴脖子、左手臂，然後，滾水沿胸而下，至肚臍大腿膝蓋。嚇得我目瞪口呆，魂飛魄散，手足無措，驚慌哀叫。

朱大姐戰抖著攙扶我到客廳，替我除去上衣，歪頭掃看，前胸赤紅，左手臂的紅肉，鮮嫩晶亮，活像屠販店的肉槓。朱大姐傻張著口，慌忙中找來一瓶MENTHOLATUM，猛往燙紅的肉上抹，只見平滑的肌膚，剎那間，凸起一粒粒一顆顆地水泡。一串串環在一起的水泡，迅速鼓漲伸展，眼看水泡擴散、漲大、蔓延，整片高低不等的紅肉，快疾轉變。瞬息，燙傷地方如火燒，燒中帶痛，痛得急躁亂跳，燒得腦袋似白痴，空蕩茫然，什麼都不知道了……

不知道過了多長時間，恢復知覺，睜開眼，看見身體裹著床單，肉身在燃燒。

「妳終於醒來了，是痛昏了吧？我怕得六神無主，急死了，不知道怎麼辦。先送妳回家，趕快找人來救妳。我用床單裹住，不會露肉，妳的腳沒燙到，能走，對不？」朱大姐臉上，掛著一條條地淚，準是我的慘狀可怕。

進了家門，前胸如著火，全身火熱，感覺頭在冒火，心在焚燒背在流汗，人要爆炸了。我滿屋打轉，腦裡跳不出一個家人的電話號碼，也記不得電話本放在何處？朱大姐指著牆上一列人名及號碼，她不識字，唸不出來，我痛得視神經罷工，視而不見；經常連絡的兒子女兒電話，忘在九霄雲外。眼在牆上瀏覽，從左到右，從右到左，一次次，陌生、混沌，開著口唸不出。痛，只有痛，痛得每寸肉似被鋸被割，而且是鈍刀慢剮，肉在撕，一絲絲地撕，使我痛到深淵。

「想起來了，我是妳長媳的牙醫病人，我有她診所的電話。妳眞的痛得不省人事了，怎麼記不得兒媳是我的醫生呢？我回去找號碼。」朱大姐匆匆離去。

我靠牆站著，正好接近放藥的木櫃，左手伸出幾次，沒搆到藥，反引起刺痛，陣陣肉擰，像千針刺，百刀切，萬箭穿心，人痛得迷迷糊糊……

朱大姐來了，看我歪在木櫃邊，我手指藥瓶，她從櫃中拿出維他命E。

「是不是這瓶？記得妳以前告訴我，維他命E有生長的效能，可以止痛，還可以治療疤痕。」記性眞好，我無力地點頭。

朱大姐擠出維他命丸中的油，放在掌心。

「來！腳要走路，先塗大腿上的水泡，待會兒走路，不操心水泡繃破。」朱大姐蹲下身體，擺著手姿。

她輕輕往大腿上一抹，一塊肉皮，隨手掌落下，再抹左胸，又一塊肉皮黏在手掌上，當第三塊肉皮掉在朱大姐的拖鞋沿下，她猝然跪在我腳下，捧著拾起的碎皮，呼天喚地的嚎哭。

「我可憐的妹子，起先，妳上身粘著一串一串地紅葡萄，這會兒，大腿胸上的葡萄皮破了，成了一塊塊地鮮嫩紅肉，妳那肚皮—漲大的幾疊水泡，鼓得像我家鄉的棗子桃子，我看得手不聽話，不敢替妳抹維他命E油啦！妳自己看不清楚，我的眼睛看見，妳如今是個血肉不清的混濁人，比我在抗戰時期看到過的傷兵血，更鮮更紅，妳現在鮮血直流。大妹子，我對不起妳，今天我不去開刀，要照顧妳，陪妳等孩子來送妳去醫院。老天呀！怎麼倒過來了？怎麼換成妳去醫院？我的大妹子，代我受罪了！」朱大姐跪在地上，拍打著大腿哀號。

我體弱氣虛站不穩，順牆滑坐在地毯上。彎腿時，膝蓋上約六寸長的水泡綳開，鮮血由膝蓋流及腳背，滑滴在地毯上，米色地毯上的滴滴鮮血，好似朵朵梅花。

「朱大姐，我很痛，快忍不住了，別哭啦！請妳幫我撥電話。」我懇求著說。

朱大姐哭忘了找電話號碼的事，經我一提，猛然察覺，立刻按碼撥通我長媳的電話。她說了十幾分鐘開水燙傷的事，長媳聽不明白河南話中的土音，不知道是誰需要急救，為什麼叫她急救。我接過電話，沉著地說明我被開水燙到，冒出許多水泡，有的水泡破了，正在流血，快來送我去醫院。

「媽媽！開水燙傷，最有效的急救，馬上用冷水沖傷處，很快平復，情況嚴重，把身體淹在冷水裡，可以止痛，免起水泡。已經起了水泡，甚至破了，一定會痛，我買止痛藥來。現在，浴池放滿冷水，身體不要離開浴池，愈久愈好。」兒媳關照著。

朱大姐放滿冷水，我在水中泡了三個多小時，冷水泡成溫水，換成冷水，再變溫水。沉在水裡，能減輕灼熱刺痛，減低心煩心慌，只是時辰過久，肌肉浮腫發白，清水染成紅色。躺在一池血水中，淡淡血腥，反胃想吐。

起身找薑片，抑止嘔吐，才離開冷水，刺痛再起，痛得全身抽筋。冷水泡醒了意識，立刻打電話給長女，可惜找不到蹤影，無處呼救。

「我看還是泡在水裡，這是唯一的辦法。」朱大姐又換了一池乾淨冷水，拖我進浴池。

「爲什麼我的兒媳還不來？三個多小時過去了，會不會出差錯？」我被嚇膽小了。

「可能塞車，別瞎猜，趁這空檔，給妳驗傷。」朱大姐端來小凳，緊靠浴池邊，她從衣袋掏出一條皮尺，亮給我看。

「我要把妳身上縱的橫的，燙傷面積，都量到，一點不漏。」朱大姐的眼睛，盯著我的身體，仔細觀察。

「妳想逗我開心，這是非常時期，還輕鬆得起來？」說著，我也莞爾。

「我不會白做的，將來妳想寫這件事，有個眞實憑據。妳看，我戴上老花眼鏡，保證不會錯。」朱大姐拿出老花鏡，俐落地拉開皮尺。

「多謝費力，請把眼睛放正些啊！」我不由的笑了。

「大妹子，我八十多歲了，心裡有尺寸，放妳的心。聽著，受傷的長度三十六寸，寬度十九寸半，鼓起的大小水泡一、二、三、四、五、六、七、八、九、十……從上胸到肚臍下面，四百四十九個，下巴頦兒十八個，脖子上二十七個，左臂二十八個，還有，把腿伸直，一、二、三、四、五……左腿五十二個，膝蓋十七個……唉，不行了，眼睛花了，數不下去。成堆的水泡，惡心人，想吐。」朱大姐涕淚齊流。

「不要這樣，是我自動要幫妳，沒幫上忙，是我沒有經驗。被燙傷了，是我不小心造成的，與妳無關。換一種想法—能碰上一輩子難逢的意外，該是人生的珍貴體驗，有機會試試心力，考考耐力。我受到的不過是皮肉苦痛，會治好的。在我的人生路上，遇到的災難更慘；我生下來，媽媽帶我『逃紅軍』，差點餓死在荒山上，六歲時『逃警報』，每天有兩百架日本轟炸機，輪番炸武漢，我是死裡逃生活下來的。初到臺灣，艱困苦難的生活，比起幾百個皮肉痛，算什麼？老大姐，妳多吃二十年米糧，更明白際遇變故，我比別人多一種體認，不是壞事。擦乾眼淚，何必多一個人難受。」我用右手，抹去朱大姐停在臉上的眼淚。

「眞的無所謂嗎？妳正在肉痛，我正在心痛，妳不算什麼，是安慰我，我過意不去……」

朱大姐正說著，門鈴響了。朱大姐挪開小凳，撐著站起，扶著浴室的牆，蹣跚地擺著矮胖的身體，去應門鈴聲。

※　※　※　※

「媽媽，對不起，我先去買止痛藥，再到百貨公司，給妳買了兩件特大號的棉布衣服，趕得太急，汽車在高速公路上爆胎，又去換車胎，讓妳多痛幾個鐘頭，不好意思。」兒媳望著我下巴上的長水泡說。

「來了就好，有救了。」心在十萬火急的祈盼。

「請出水吧！我看看傷勢。」兒媳在爭取時間。

「唉呀！唉呀！這麼多水泡，不得了！不得了！破皮的地方，看不清肉，太嚴重，耽誤時間了。」兒媳皺著眉，週身查看。

「要去醫院嗎？」平生很少進醫院。

「對！血紅的大小水泡，密密麻麻，重重疊疊，一定要去醫院，讓專科醫生仔細檢查。水泡破了，容易發炎。」兒媳嚴肅地說。

「現在去嗎？」我問。

「是的，穿上特大號長裙，不要碰破水泡，我在客廳等，要快！」兒媳在客廳來回走動。

朱大姐小心地助我穿長裙，兒媳載我急奔醫院。路上，沉默無語，救人與被救的心情，同樣著急，顯然是焦急萬分。

皮膚專科女醫師盧大夫，細看燙傷皮膚、破皮面積、流血水泡……最後，注視著右臉下方和脖子上的肥長水泡，反複地看。

「最要緊的，是臉同頸的大水泡，每個約有四寸半到五寸的長度，照顧不好，會留下顯著的疤痕。好在，最大的在肚皮上，每個都有六寸上下，這些地方，即使有疤痕，不致影響外觀。」醫生用工具尺量著水泡說。

「水泡破了，怎麼處理？」想知道醫療常識。

「水泡破了會發炎。現在，正是洛杉磯最熱的季節，傷重破皮，要用藥水洗淨，再擦SSD藥膏，避免潰爛，潰爛了，醫療時間拖長，痊癒得慢，疤痕多一些。」醫生連連搖頭。

從她的表情，明白我已體無完膚。

「幸好慘重災區是著衣地方。」我安撫自己別喪氣。

「右胸上，有五個特大水泡，將來這一帶的皮膚是紫紅色的，還會長期疼痛，因爲用右手的時間多，手臂經常觸碰，比較難結疤。」醫生的食指，在我右胸上旋動，兩眉時展時鎖。

※　※　※　※

週末，長子偕同長媳孫子孫女，長女攜著外孫女，人手一包，鮮花、水果、點心、滷味，還有藥箱、藥棉、雙氧水等，暖融融地感覺，非常欣慰。

進了門，長子朝前胸一望，眼神凝重，側頭坐下。

「嘖！嘖！慘不忍睹。」長子沉重地說。

「記得當年在越南，那些戰敗的傷兵，就是這樣血淋淋的肉身，人家還沒像媽媽這般，大泡泡連小泡泡，小泡泡浸在血液裡。」女兒瞪著杏眼，看著說著。

「上帝呀！這是我十六年來，看到的最可怕的災民。」長孫擠到姑姑身旁一瞄，撂下一句，奔上陽台。

孫女同外孫女，兩人膽怯怯地，慢慢移到我跟前，眼珠在傷區轉一圈，靜靜搖頭，突然一齊大叫。

「恐怖呀！」兩個小女孩，跑出屋外，又跑回屋，各自抱住我的一隻手臂。

「奶奶，很痛嗎？我愛妳。」孫女同情地看著我。

「我要天天祈禱，讓愛笑的婆婆，再開心的笑。」外孫女合掌默唸。

「奶奶身上有許多胖胖的紅葡萄，像電影上快死的病人，奶奶會死嗎？」孫女抽泣地問。

「奶奶只是皮膚起水泡，只會痛，不會死。痛是精神鍛鍊，如同鍛鍊身體，有好處。」

我一手撫著一個頭，有孫輩這麼關心，痛也窩心。

兒子買的急救箱內，紗布、繃帶、硼酸、乾冰等全有，女兒捎來燙傷特效藥，有大陸的祖傳秘方，臺灣新發明的奇效藥。女兒用藥棉蘸雙氧水替我清潔傷口，正要敷藥。

「還是塗SSD吧！它是美國新澤西州藥廠，最新出品的燙傷外用藥。凡經過臨床檢驗的藥品，可信、安全。」長媳是醫生，用藥愼重。

「不管那種藥，選藥效快的用，先止住痛。我擔心媽媽挺不住了。」女兒見我眼睛時睜時閉，看出我強忍著痛。

「止痛藥不能多吃，吃多了舌頭沒有味覺，有副作用。能忍得住，最好少吃止痛藥，尤其睡覺時間，千萬不要吃止痛藥，很危險的。」兒媳提醒我。

「我買了一箱速食品、一籃水果、還有飯盒，塡飽肚子沒問題。明天買些新鮮炒菜來。」兒子忘了我的右手沒燙到，可以做事。

「你那間大學在聖路易匹士堡，太遠了，系主任的雜事特別多，算了吧！免你的役，我替你當孝子，保證媽媽吃得更肥。」長女是美食專家，經她烹調的菜，都是佳餚。

「現在是八月，天氣正熱，不洗澡很難受。爲了早日痊癒，請別洗澡，只能用小毛巾輕拭，有血水的地方，拿紗布慢慢吸淨。」兒媳指著流血水泡，對著我說。

「還是我來做義勇軍，煮飯洗澡一人挑；我們的媽媽很健康，平常撈不到這類差事。」個性爽直的長女手一舉，沒人有異議，通過。

「有人搶做事，我讓賢了。好吧！妳辦事，我放心。其他的人，跟我回去。走！」長子帶走一群家人。

※　※　※　※

話說回頭，發生慘事的一週前，承諾國際日報記者，劉玲小姐（按：劉玲已於九八年因癌症去世）的訪問，談新書「情之鍾」內的鍾情人與鍾情事。

「我是劉玲，今天中午十二點整，準時到達翠亨村飯店。妳住得遠，早點出門，不要趕路。」劉玲叮嚀著。

「對不起，我出不了門，可能五個月內出不了。」我聲音啞澀地說。

「怎麼回事？出大車禍了嗎？」劉玲關心地問。

住在洛城，地廣人遠，平日以車代步，常發生的意外多屬車禍。開車年份雖久，有交通事故，卻沒車禍災殃。我將開水燙傷的大致情況，告訴劉玲。

第三天，國際日報美西新聞版上，登出我被燙傷，滾水沿胸而下到膝部，面積長達三十六吋，寬十九吋半，傷勢嚴重，已送醫院急救。醫生驗定，三級燙傷。

旋即，僑二中心呂主任，打電話給我。

「沒親自來看妳，很抱歉！我請易尾容花店，送了一籃鮮花到府上，祝妳早日康復。」

「收到了，非常感謝。好漂亮的花，我一定能早日康復。」由衷感激。

隔一天，僑一中心李主任，電話中告訴我：「我看到報上的消息，也碰到湖南同鄉會的人，述說會長傷得慘重。我選了一籃百合花給妳，百合的香味好聞，適合病人，希望妳快快好起來。」李主任親切地說。

「多謝！多謝！我最喜歡百合花，也喜歡它的香味。我已經感動得忘記痛苦。」關懷是精神療傷。

八月的洛城，特別熱，背上的汗水，胸前的血水，沒法著衣，黏著傷處，碰著裂口，痛得徹骨，有幾塊嚴重傷處，已在化膿發炎，更得加倍醫護，防止潰爛擴延。

控制吃止痛藥，仍然吃完七瓶，舌頭已無味覺；倘若不吃藥，痛得睡不著，而且只能側臥，不能翻身，稍不留意，觸破水泡，痛上加痛。尤其痛得吃不下，營養日減，顯見消瘦。

記得張雷神父說，看聖經能止痛。從聖經中看到早期宗徒們遭遇的苦難，因著個人意志堅定，信仰虔誠，能使聖靈進入體內，克服肉體痛苦。董亞泉神父，教我祈禱唸經，覆手傷處，醫治病殃。

我曾在醫療刊物上，閱讀哈佛大學舉辦的「醫學上精神性質和治療」研討會的記錄，證明宗教信仰有助於治療的事實。約翰霍普金斯大學教授柯森博士說，醫生與病人交流，具有精神層面的意義；愈來愈多的證明，禱告可以消滅患者的病痛。

既然有據可依，決定趁此時機，細讀聖經，眞誠和天主做好朋友，相信天主的油膏上塗著仁愛，必能化痛苦爲甘飴。

聖經是部救恩史，舊約記述天主教的方向，爲建立信仰的基礎；新約則是實踐天主的使命—愛。天主藉先知及宗徒的話，與子民交談；告訴子民，愛就是關懷。

誠心以讀聖經止痛，每天一頁頁一行行，認眞拜讀。四個半月後，將巨著中的傳記、歷史、律法、禮儀、詩歌、寓言，用心讀完。有關啓示人類生命奧秘的章句，用紅筆畫圈，或朗讀一遍，讀聲中，彷彿聽到耶穌在發聲，感到心靈深處，已與天主脈脈相通，豁然體察主臨我心。耶穌說，誰住在我內，我也住在他內。確實如此，盤石在心，身負苦痛，全然不知。

肉痛已止，只敷外傷藥膏。教友鄉親給的止痛藥，文藝春秋節目聽衆寄來的綜合配方，留作紀念，印刻心上。

朱大姐常爲我燉瘦肉香菇粥，或蓮子薏仁紅棗湯，看她手上捧著碗碟，遲緩的移動四寸金蓮，很是不忍，請她不要費時費心，因爲女兒做的美食，常吃不完，何必暴殄天物？她聽了一臉憂悒，不肯停止。

「我這人，什麼都不懂，常是瞎子幫忙，越幫越忙。妳爲替我清除冰霜，燙得身上面目全非，做點不是名堂的小吃，算什麼？不合胃口嗎？」朱大姐赧然的看我。

「妳做的小吃，好看好吃，很有名堂。」我喜孜孜地看她。

「這是碰巧『飯送給飢人吃』。妳說有名堂，咱就舒暢些，妳吃到肚裡，咱就做得起勁。」朱大姐笑了，露出一口白白整整的假牙。

沒有肉痛，舒心舒眉，又有爽口宵夜，睡不著的晚上，扭開電視看老片；懷著重溫舊夢的心情，再次欣賞年輕時喜歡的好電影，是份悅心的精神享受；先後享受的金牌影片「國王與我」、「櫻花戀」、「齊瓦哥醫生」、「戰爭與和平」、「天倫夢覺」、「愛的故事」、「春風秋雨」、「太陽浴血記」、「珍妮的畫像」、「良相佐國」、「養子不教誰之過」、「吾愛吾師」、「窈窕淑女」、「戰地鐘聲」、「亂世佳人」、「驚魂記」、「賓漢」、「奧克拉荷馬之戀」、「埃及艷后」、「魂斷藍橋」、「咆哮山莊」、「巨人」、「簡愛」、「眞善美」等。這些三十多年前的最佳影片，引領記憶，回到花樣年華。只是時間空間，消失轉變，生命中最滿意的稱呼，唯有「婆婆、奶奶！」

日本經理琪珂，在我燙傷的第二天，從公寓花園採來一把鮮花，其後，每隔數日，來問病況。今天，她又捧著花，笑吟吟地進門。

「有好消息，公寓的美國老闆富蘭克，知道妳幫朱老太清除冰箱中的冰庫，皮膚燙起幾百個水泡，託我送支票給妳，作爲醫藥補助。」琪珂笑眼瞅我。

「怎麼可以？我是自動自發去做，不是朱老太叫我去做的。被燙是我缺少經驗，做得不對，怎麼能收美國老闆的錢？這次事端，倒是增長了我的見識。還有，妳常送花來，孝敬耶穌的事，妳代我做了，該當謝謝妳。」我把經理手上的支票拿來，放入她的襯衣口袋。

琪珂低頭哭了，我詫異日本人的心軟，因爲，她的先輩在中國，心狠手辣，多屬豺狼虎豹。

「妳爲什麼哭？」我遞紙巾給她。

「看妳的傷勢，想起我母親的不幸，禁不住哭了。我母親是個賢慧主婦，會做好吃的日本料理，讓丈夫孩子飽口福，把我的身體養得很健康。有天晚餐，母親燉了一大鍋香噴噴地濃湯，在端往餐桌的幾步路上，腳碰到弟弟丟在地上的玩具，木屐歪了，整鍋熱湯，百分之百的倒在身上，從胸部到大腿、到腳背，皮膚上黏著滾熱的濃湯，我母親大聲慘叫、哭喊。她的腳背燙得特別厲害，後來潰爛了，很長一段時間，母親不能走路；燙傷醫好了，紫色大疤，跟了母親七年。」琪珂淚汪汪地述說。

「什麼？七年？那我這片紫色地帶，不是要幾個七年，才能還我本來面目？」我搓著雙手，無淚的敲著頭。

「差不多需要十幾年吧！傷口結疤落皮以後，留下深淺不等的紫肉紫痕。妳的水泡擁擠在胸前，那些深淺不同的紫肉紫痕，以及部份復原的膚色，看起來會像美國的州際界限，妳成了愛國公民啦！」琪珂說的詼諧話，使我酸鼻酸心。

「算不上悲慘。外貌上，只有右臉的長紫痕，天天和我在鏡子裡見面，有些不舒服。可是，從看『聖經止痛』以來，價值觀改變了，看淡外貌，提昇內秀，這是『痛中養性』。若不是燙傷，整天奔忙不休的我，那會耐心地看完聖經？感謝天主的巧安排。」我衷心感恩。

「我也是天主教徒。第一次探望妳，看到妳在祭台上供的玫瑰花，明白妳是虔誠的教友。妳搬進公寓兩年多，任何時間看到妳，都是一張笑臉，看得出妳的精神愉快。應該說—天主給妳多少愛，妳臉上就有多少光。」琪珂握住我的手，眼看著祭台上的聖像說。

「妳也是天主教徒嗎？那太好了，我可以大膽提個建議：這張送我的支票，我不收；麻煩妳退還富蘭克老闆，請他把朱老太的舊冰箱換成無霜冰箱，這就一勞永逸，不必除霜，不會發生類似的事。我擔心身體矮胖，又是小腳的朱老太太遲早會……換掉，安全無慮。」我捉住機會，創造時機。

「這個建議，可以考慮。我們的公寓，建成已十二年，我是第二代經理，朱老太太是第一批住進的客戶，用的冰箱也是十二年前的產品，舊式冰箱，需要除霜；最近幾年遷來的客戶，用的都是無霜的，不必除。妳的冰箱年齡最輕，妳是新客戶。」琪珂對我說明。

「那就把早期的所有舊冰箱，全換成無霜冰箱，作爲客戶福利，更可以防範意外。如果能做到，即使再燙傷一次，我願意承受。僅僅皮肉罹難，不致要命，做得到。」我雙手搭在琪珂肩上，請求她同意。

「這是很好的福利建言，不知道美國老闆有沒有這筆錢？知道嗎？要有巨額支票，才辦得成。」琪珂沉思著出了門。

一週後，琪珂經理偕同助理，分別是美、日、韓、西、中裔的義工助手；美國助理人身高體壯，手提花籃先邁入，從玫瑰的品種顏色，百合花與劍蘭的鮮活，認出又是採自公寓花園，而日式插花風姿，出自公寓附設餐廳女老闆的花道才藝。

她每天在午餐桌上的花瓶裡，擺上幾枝花花草草，經她巧手翦插，自成一格，沒有匠氣。

「常在花園看到的花，進了花籃，風姿綽約，格外漂亮。謝謝大家厚待我。」我高興得不自在。

濕潤。

「瞧！還有這個。」西班牙助理，秀出一張大型卡片，內頁寫著密麻煩細的英文、日文、韓文、中文、西班牙文的簽字。

「嘿！這麼多的人名，這麼多的情，我的老木舟上，情重，載不動了。」這時，眼眶已濕潤。

「最好的消息在這裡。我們的美國老闆，同意淘汰所有的舊冰箱，改換成美國奇異牌的無霜冰箱。」琪珂經理，高舉支票給眾人看。

眞正好消息，聽了很興奮，我伸直雙臂歡呼，忘記左臂正在長嫩皮，只見鮮血一條條地從臂流到肩，滑下胸。芳鄰們驚慌嬌呼。

「親愛的，快躺下，我替妳抹去鮮紅的血。妳搬來才兩年多，用的冰箱算新的，不會替妳換。得到舊換新福利的，是最初申請這家公寓的早期住戶。換新冰箱與妳無關，妳高興什麼？」韓裔助理輕聲對我說。

「一人肉痛，六十多戶受益，有新冰箱用。今後，沒有人重蹈覆轍，很合算，值得歡呼啊！」我哈哈地笑得忘形。

「這張特製大卡片，是去日本學校，工藝班上課的住戶做的，不是慰問卡，是感謝卡。那一大堆簽名，全是新冰箱的中獎人，妳要好好保留著，這是妳一輩子最有意義的紀念品。」

琪珂經理含淚親我，五位助理甜笑著擁抱我。

「妳們身上的香味不同，是香水的品牌不同，還是各國女性有不同的香味？都很好聞喲！」確實氣味各異。

「妳眞的不痛嗎？還是痛也照樣風趣？」美裔助理問。

「熬過受苦忍痛，只需要一段療傷時間，心上沒有憂懼；現在看到實質代價，如同中了大獎，覺得很快樂。」心裡歡躍。

「愛天主的人，靈魂美麗。」西班牙助理說罷，由花籃抽出一朵百合花，斜插在我的亂髮中。她每天下午，準時在花園的石凳上唸玫瑰經，是位篤實天主教徒。

由於各族裔皆有換新冰箱的客戶，爲表達心意，有人親自烹做家鄉味讓我品嚐，其中的日式海味，花樣特多，墨西哥小吃，辣得夠味。

這天，朱大姐又提著白粥小菜，來我家。

「哇！又做好吃的了？冰箱裡已經爆滿，餐桌上疊了幾層，妳今天送來的，只得請妳一起吃完。」饕食太多，一個胃消化不了。

「是不是吃膩了稀飯，喜歡上異國風味？」朱大姐面露不悅。

「錯了！不同族裔的家鄉食品，品味特別，但不一定都喜歡吃。我眞正感受到的，吃的全是情，大家送來的溫情。」不論吃什麼，記在心版上的，只有情。

「這樣就對了。我今天做的是綠豆涼粉，拌山西陳醋、新鮮大蒜，香得很；還有一碟魚鬆、豆豉、辣油，拌嫩豆腐，辣得棒，趁新鮮吃罷。」朱大姐掀開碟蓋。

「好！有個請求，請妳省點力氣，日後別再費神做吃的，我心不忍。」眞正過意不去。

「妳爲我燙得前胸沒有一分好肉，第一個星期那幾天，千眞萬確的血肉模糊，一點不誇張。我給妳抹維他命E那會兒，一顆一顆的眼淚，往肚子裡流，不敢被妳看到；那幾天，我逼著自己吃多些，好有力氣照顧妳。大家說妳替六十多戶人家，掙到名牌新冰箱，可沒人能代替妳肉破皮痛。有個信耶穌的河南老鄉，她也換到新冰箱。她說，爲別人的快樂而快樂的人，有神在心裡。這話對不對？」朱大姐不識字，卻是社會大學的好學生。

「對！天主時刻在我左右，我很快樂。每次查看消腫的、長新肉的、脫皮的、結疤的……各個傷區，都在變化進步。雖然發炎同潰爛的地方還有膿血，還在刺痛，不過，總在日漸痊癒，挨到復原有望，情緒平服下來了。昨天，我女兒來送飯菜日用品，看到結疤的紫痕深淺不同，她說像地圖，我低頭一看，形容得挺貼切。我記得中國地圖上有三十五省，美國地圖有五十州，省州的界限分明。從此，留下標記。」我揶揄自己。

「咱們是中國人，妳像中國地圖吧！咱們人在國外，心在國內，不能忘記中國版圖。」

朱大姐沒讀過書，卻是明理知義。

「朱大姐，妳說沒進過學堂，可妳義理通達，很有愛國心，了不得。」我豎起拇指。

「讀不讀書，飯總是一樣的吃。吃了八十四年飯，眼看耳聽，琢磨到黑白正反，儘管常有橫行惡霸，可是『人惡人怕天不怕』。人再厲害，有天理在。很多人怕桃太郎，我不怕，我知道他怕『天』。我曾對他說，日本人想吃掉中國，殘暴橫行到最後，老天沒讓日本人得逞。日本人狡毒兇狠，我這個農家女救活了日本人，村裡的農民群起抗議。人家桃太郎，在日本是個農夫，國家徵兵，把他送到中國，受命打仗，他是奉行軍令，軍令不可違。我認爲人命歸人命，國仇歸國仇。他感謝救命恩人，在我面前不逞強，甘願做中國女婿。」朱大姐臉掛神氣。

「不識字，能黑白分明，農家女，敢面對抗議，妳很夠膽，佩服妳。」想是愛的力量發酵了。

「我和日本鬼子夫妻幾十年，從來不劃小圈圈，兩人一家，過人日子，雖然國籍不同，人的本性相近。這家公寓，白皮膚和黃皮膚的人，同住一幢大樓，互相幫助，彼此關愛，應了天下一家的話，皆大歡喜嘛！」朱大姐的手指，在空中轉了個大圓圈。

「說得對。不同族裔的人，同住一處，應該齊心協力，才能相輔相成。下次妳去給『天下一家』的人幫忙，記得帶我做助手。」朱大姐眉目帶喜，向我拍手。

機會環境，製造意外；意外燙傷，有機會讀聖經止痛；領悟聖經是良醫名師，不僅止痛養性，最意外的是禍中有福。

（發表於「國際日報」副刊一九九九年三月廿日至廿六日。）

抗戰小歌手

中國的八年抗戰，是全民動員，保衛國土。日本人侵略中國，炮打轟炸，殺虐慘害，壓迫凌辱，逼得中國人忍無可忍。於是，中華民族的男女老中青少，有錢出錢，有力出力，意志集中，力量集中，全面抗敵，浴血奮戰。這是不服氣小日本以小吃大，這是氣壯山河的打國仗。

抗戰時，我還年少，沒能上前線殺敵報國，只好唱抗戰歌曲，參與宣傳活動；先是跟隨老師慰勞傷兵，後是演街頭短劇，唱抗戰歌。抗戰歌曲，能激勵民心，喚起愛國意識，點燃同仇敵愾。因此，我對抗日，沒繳白卷。

回憶那時家住武昌，日機每天來轟炸，有時剛炸過又來了。每次兩百架飛機，在空中慢而低的排列飛行，能清楚的看到敵機同時丟炸彈，密密相連的炸彈，從半空下降，轟隆聲響，火光四起，性命財產全燬。

有次，剛天亮，來不及「跑警報」，日機已在頭頂上，媽媽帶我到武昌大朝街廟裡，求菩薩保護。廟裡擠滿沒躲進「防空洞」的人們。我鑽進大殿前面老松木做的長凳下，鄰居小朋友自作主張，坐在木凳上面數日本國的太陽飛機，沒數到一百，已無聲音，日機離去，我爬出長木凳，小朋友已被飛機上的機關槍子彈射死，她嘴巴張開，好像還在數，……廟院外的老尼姑，被炸彈碎片割破肚皮，鮮血直流，尼姑手托腸子，奄奄一息。市中心許多房子，中了燃燒彈，人們從火海中逃生，一個個火人，在街上哀哭跑叫。這情景，至今思之猶悸。

後來家在長沙，有次，天微明，警報響了，媽媽揹著乾糧，身懷細軟，拖著我跑警報，一群群的百姓，使勁往橋下衝，躲避機關槍的掃射。日機在空中看到螞蟻般的人群，正是屠殺的好機會，即刻投下炸彈，轟！轟！轟！炸斷了橋，正在橋上逃命的人，全被炸死或震落水中淹死，還沒跑到橋頭的，不是傷就是亡，馬路上血流如河，橫屍遍地，路旁的樹枝上，掛著腦袋、手臂、斷腿、小腸大腸……地上的死人，多數睁著眼，死不瞑目啊！此時，我心中生恨，發願抗日。

父親調防，駐守黃河，安家於西安市，這是大後方的重鎮。中國那時有三十五省，只剩下九省，其他都是淪陷區。父親將我送進西安戰幹四團附設的戰幹小學，那年，我讀三年級。入學不久，編到宣傳隊，學校的男女老師，每逢星期三六，帶學生去西安鬧區東大街，演唱流亡歌曲。老師扮爸爸媽媽，學生是當然的孩子。以下是當年所唱的流亡三部曲：

第一部歌詞（張寒暉詞曲）

我的家，在東北松花江上，那裡有森林煤礦，還有那，滿山遍野的大豆高粱。我的家，在東北松花江上，那裡有我的同胞，還有那，衰老的爹娘。九一八，九一八，從那個悲慘的時候，脫離了我的家鄉……。

第二部歌詞—

泣別了白山黑水，走遍了黃河長江，流浪，逃亡；逃亡，流浪。流浪到那年？逃亡到何方？我們的祖國已整個在動蕩……百萬榮華，一刹化爲灰燼，無限歡笑，轉眼變成悽涼……誰使我們流浪，誰使我們逃亡，誰使我們國土淪喪，誰要我們民族滅亡，來！來！來！我們休爲自己打算，我們要爲民族奮戰，我們應該團結一致，誓師抵抗，打倒日本……。

第三部歌詞—

走！朋友，我們要爲爹娘復仇。走！朋友，我們要爲民族戰鬥。你是黃帝的子孫，我也是中華的裔胄，錦繡的河山，怎能任敵人殘踏，祖先留的遺產，怎能在我們手裡葬送……。

老師們攜同學生們，在街上邊走邊唱，手拿竹簍，見人募錢，餓著肚子，也得照唱，眞像流浪的人。

小學五年級時，老師將學生分成小組，每組十人，由正副組長領頭，上街唱歌募捐。校長把各組募來的錢，買藥品、乾糧、棉襖，送給處於雪地戰壕，衣單腹空的戰士。因爲日機亂炸濫射，交通中斷，補給困難，百姓抄小路運到前線，救急支援。

老師們爲了募錢勞軍，想出討喜的花樣，給小女生準備了許多新鮮菊花；小女生手挽竹籃，嘴唱賣花詞。

賣花詞（潘國渠詞、夏之秋曲）

先生！買一朵花吧！先生，買一朵花吧！這是自由之花呀！這是勝利之花呀！買了花，救了國家……

一籃花賣完，換回一籃錢，老師擁著小女生哭泣。

小學六年級，我升小組長，帶同學們到西安市的「阿房宮」戲院旁，對著進場或散場的民衆唱歌。

只怕不抵抗（洗星海作曲）──

吹起小喇叭，嗒的嗒的嗒！打起小銅鼓，得隆得隆咚。手拿小刀槍，衝鋒到戰場，一刀斬漢奸，一槍打東洋。不怕年紀小，只怕不抵抗，吹起小喇叭，嗒的嗒的嗒。

老師用硬紙做的喇叭筒很管用，大家一面唱一面吹。我帶媽媽的洗菜盆當鼓敲，有人帶著奶奶的洗腳盆當鼓，手拿木棒打盆底，咚！咚！咚！很有節奏。克難樂隊，抗戰時期就出現了。

我們也唱了賀綠汀作曲的「誰說我們年紀小」。

誰說我們年紀小——

小姊妹，小兄弟，大家牽手向前跑，跑跑跑，用力跑來用力跑，一跑跑到戰場上，齊將敵人掃……。

不論在那條街上唱歌，常有賣柿子餅的，賣鍋盔的，賣煮花生的，送來溫溫熱熱的食物給我們吃，我喜歡外硬內軟的鍋盔，很有嚼勁。

有次，十人小組到西安醫院勞軍，帶去民衆捐送的玉米餅、煮雞蛋，我們還唱可以跳舞的「朱大嫂送雞蛋」。

朱大嫂送雞蛋——

朱大嫂送雞蛋呀！咯嗒咯嗒咯嗒叫呀！朱大嫂送雞蛋，出了東關門呀！咿呀嘿！手拿著雞蛋，出呀出了東關門，雞蛋送給戰士們……。

一面唱一面旋轉著跳，轉到傷兵床前，拿出玉米餅和雞蛋，送到傷兵手上，有人手斷了，就坐在床沿餵他吃，張嘴時，見他噙著淚。我籃裡裝著細白的洋麵饅頭，這是過年過節才吃得到的高級饅頭。洋麵饅頭是賣壯丁（頂替財主當兵，財主付頂替人賣身費）的沙叔叔，捐贈半袋洋麵（白麵粉），媽媽連夜做成饅頭蒸熟，我早上扛到醫院，給爲國犧牲的叔叔伯伯們加餐。

沙叔叔說：「我頂替人當兵，賺抗戰錢，雖然是賣命錢，可我沒打仗就開小差了，愧對眞正打仗的同胞，捐點洋麵，心裡舒服些。」全民抗敵，凡夫亦有良知。

有年中秋節，商家捐款，在醫院搭戲台，由西安市四所小學的學生，表演遊藝節目，安慰佳節思親的傷兵。那次，演出黎錦暉作曲的「可憐的秋香」，這是化裝歌舞，我扮其中的月亮。歌詞是—美麗的月亮，月亮月亮，月亮她記得，照過金姐的臉，照過銀姐的衣裳，也照過少年時候的秋香。

唱到這裡，我兩手拉圓裙，身體躍起，再往下落，只因我沒跳舞細胞，又缺練習，落地時腿伸斜了，腳尖踢到蹲在地上的太陽姑娘的眼睛，她痛得睜不開眼；於是，台上的太陽、月亮、星星，三個花蝴蝶似的小姑娘，方位錯了，台上亂跑，胡跳一場。雖然跳砸了，傷兵們拍手大笑，給我們同情的掌聲。

從此，老師不派我跳舞，只叫我做歌詠隊員。少年時期，我的綽號叫小黃鶯，在歌詠隊裡，小黃鶯清亮的歌聲，被陝西電台的星探發現，跟我到家，說服媽媽，准許我上電台唱抗戰歌曲。

我雖是小學六年級學生，但還沒有畢業。電台阿姨，爲了鼓勵畢業生投入抗日行列，教我唱聶耳作曲的畢業歌，這是我在電台唱的第一首歌曲。

畢業歌（田漢詞、聶耳曲）——

同學們，大家起來，擔負起天下的興亡。聽吧！滿耳是大衆的嗟傷。看吧！一年年國土的淪喪。我們是要選擇戰還是降？我們要做主人，去拚死在疆場，我們不願做奴隸而青雲直上。我們今天是桃李芬芳，明天是社會的棟樑，我們今天是弦歌在一堂，明天要掀起民族自救的巨浪。巨浪巨浪，不斷的增長，同學們！同學們！快拿出力量，擔負起天下的興亡。

第二首歌曲，是和其他學校的學生合唱「義勇軍進行曲」，這首歌，原來是「風雲兒女」電影的主題曲。

義勇軍進行曲（田漢詞、聶耳曲）

起來！不願做奴隸的人們，把我們的血肉，築成我們新的長城，中華民族，到了最危險的時候，每個人被迫著發出最後的吼聲。起來！起來！起來！我們萬衆一心，冒著敵人的炮火，前進！冒著敵人的炮火，前進！前進！進！

培育青少年的各級學校，六月裡絃歌不輟，歌聲還在腦中繚繞，人已被愛國熱情，捲進抗日戰爭的洪流。

西安市郊的終南山下，設有中央軍校第七分校，總校長蔣中正，行政校長胡宗南。距離終南山十五華里的翠華山下，是國立中正中學，供給食衣住及書籍，公費由胡宗南將軍擔負，專收軍人子弟。校長高化臣先生，加強教育，品學並重，高薪禮聘優良教員，選用德能教官，諄諄教導父兄捍衛國家的學生。由於父親是軍人，小學畢業後，指定我投考中正中學。

開學月餘，參加今生難忘的送別—高中學長從軍。西北高原，氣候酷寒，初冬十月，大雪降臨。我們穿著草綠色軍衣，頭戴軍帽，腳穿草鞋，腿紮綁帶，站在校門口，列隊送行。凜冽的北風，呼呼勁吹，雪花漫飛。學長們遠從操場，踩著整齊的步伐，唱著雄壯的戰歌，氣慨浩然；沸騰的熱血，驅散了寒氣，溶解了雪花。學長們走近校門，立正站定，送行的學弟妹們，原地踏步，大家齊聲同唱「救亡進行曲」（周鋼鳴詞、孫愼曲）—

工農兵學商，一齊來救亡，拿起我們的鐵錘刀槍，走出工廠田莊課堂，到前線去吧！到前線去吧！走上民族自救的戰場，腳步合著腳步，臂膀扣著臂膀，我們的隊伍廣大強壯，全世界被壓迫兄弟的抗爭，是朝著一個方向……。

大刀進行曲（麥新詞曲）

大刀向鬼子們頭上砍去，全國武裝的弟兄們，抗戰的一天來到了，前面有東北的義勇軍，後面有全國的老百姓，咱們中國軍隊勇敢前進，看準敵人，把他消滅，衝呀！大刀向鬼子們的頭上砍去。殺！

熱血歌（黃自作曲）——

熱血滔滔，熱血滔滔，像江裡的浪，像海裡的濤，常在我心裡翻攪。只因爲恥辱未雪，憤恨難消，四萬萬同胞啊！灑著你的熱血，去除強暴。

三首歌唱完，學長們正步走向校長老師，舉手行軍禮，而後，揮手走出校門，有人頻回頭，是留戀，是告別。高中學姐哭了，捨不得初戀情人上戰場。

中正中學的近鄰，是翠華山上的游幹班，在耳濡目染，近朱者赤的影響上，接受正規中學教育的男學生，愛國情緒提升，士氣跟著奮昂，願意犧牲小我，強壯大我，提早進軍旅。

民國三十四年，整個中國，有二十六省被日本佔據，只剩下九省國土，多不是肥沃土地，確是生死存亡的最後關頭。局勢所逼，蔣委員長發起「一寸山河一寸血，十萬青年十萬軍」的號召，十七八歲的學生，走出教室，響應號召，從軍報國，認爲這是光榮的使命。當國家危難，年輕的牲命，前仆後繼，守土抗敵。這種哀傷中的豪情，這種鋼鐵般的意志，是強烈的民族意識，促使工農兵學商，團結一致，衆志成城。

學長們去當青年軍，年齡不足的學弟們，羨慕不已。游幹班的學員，成人之美，協助初三男生做游擊隊員，不夠資格打游擊的學生，擔任運輸員，替游擊隊員揹糧。火伕做了許多玉米餅、蕎麥餅、高粱饃、鍋盔等，帶去太行山上充飢。大隊少年學生，從西安乘火車到潼關。由風凌渡過黃河，進入山西，走到太行山。運輸員一路陪說陪唱，沖淡離情。學生上山打游擊，是前哨勇士，興奮顯露在歌聲中，火車上，一遍又一遍地唱著「在太行山上」及「游擊隊歌」。

在太行山上──

紅日照遍了東方，自由之神在縱情歌唱。看吧！千山萬壑，銅壁鐵牆，抗日的烽火，燃燒在太行山上，氣焰千萬丈。聽吧！母親叫兒打東洋，妻子送郎上戰場。我們在太行山上，山高林又密，兵強馬又壯，敵人從那裡進攻，我們就要他在那裡滅亡。

游擊隊歌──

我們都是神槍手，每一顆子彈消滅一個仇敵，我們都是飛行軍，那怕山高水又深。在密密的樹林裡，到處都安排同志們的宿營地，在高高的山崗上，有我們無數的好兄弟。沒有吃沒有穿，自有那敵人送上前，沒有槍沒有炮，敵人給我們造。我們生長在這裡，每一寸土地都是我們自己的，無論誰要強佔去，我們就和他拚到底。

學生們唱累唱啞了，火車上的乘客領著唱：「犧牲已到最後關頭」。全車的人唱著，怒吼聲，正應了當時流行的一句歌詞──前方有英勇的戰士拚命，後方有全國的百姓支持。也適用現代的流行話──這是電影裡的情節。

犧牲已到最後關頭（麥新詞、孟波曲）──

向前走，別退後，生死已到最後關頭，同胞被屠殺，土地被強佔，我們再也不能忍受，我們再也不能忍受。亡國的條件，我們絕不能接受，中國的領土，一寸也不能失守。同胞們！向前走，別退後，拿我們的血和肉，去拚掉敵人的頭，犧牲已到最後關頭，犧牲已到最後關頭。

車上的男女老少客人，不同音調，熱心的唱，各個唱得激昂慷慨，淚水如泉。一首唱完，再唱一首「中華民族不會亡」。有人摀住臉哭著唱。

中華民族不會亡（野青詞、呂驥曲）

奮鬥抵抗，奮鬥抵抗，中華民族不會亡。奮鬥抵抗，奮鬥抵抗，中華民族不會亡。國難當頭，不分黨派齊奮鬥，暴日欺凌，男女老少齊抵抗。齊心奮鬥，合力抵抗，中華民族不會亡，齊心奮鬥，合力抵抗，中華民族不會亡。

火車裏的歌聲，從窗口衝出，上達雲霄，中國人不願屈服，不懼強敵，義勇奮發，抗戰到底的精神，能夠感動神靈。中國會勝利，中華民族不會亡。

中正中學的音樂老師們，有鑑於學生愛國熱誠日升，宣傳效果顯著，便成立中正合唱團，利用週三最後一堂下課到晚飯前的時段，教歌練唱。所學歌曲有──問、賣布謠、花非花、大江東去、玫瑰三願、旗正飄飄、嘉陵江上、故鄉、長城謠、天倫歌、思鄉曲、送別、紅豆詞、柳條長、念故鄉、滿江紅、偶然、初戀、燕子、杜鵑花、黃河頌、墾春泥、茉莉花、黃水謠、也是微雲、唱唱唱、夢幻曲、夜、西風的話、踏雪尋梅、白雲故鄉、八百壯士、秋夜聞砧、玉門出塞、蘇武牧羊、老母誰依、我住長江頭、淡淡江南月、蒙古牧歌、本事、大路歌、春夜洛城聞笛、床前明月光、開路先鋒、國父紀念歌、常常在靜夜裏、夏日最後的玫瑰、春天的陽光、喜只喜的今宵夜、可愛的一朵玫瑰花、在那遙遠的地方、茶花女中的飲酒歌、山在虛無飄渺間、教我如何不想他、漁舟等六十餘首，有些是獨唱，有些是男女聲合唱，有些是四部合唱曲。我們的合唱團，去醫院、電台、軍校、學校唱，在陝西境內，遐邇聞名。

雖然，學會許多藝術歌曲、民謠、抗戰歌，但在鼓勵士氣，激發愛國心時，只有抗戰歌曲，能引起共鳴。因此，宣傳活動，專唱抗戰歌。有次，王楷老師領我們登上西安市中心的鐘樓，學生們面對東大街、西大街、南大街、北大街，從上午十時開始，向著東西南北的街上行人，正襟唱歌，老師奔走東西南北方，流動指揮。那天，唱了四首新歌。

救國歌（黎錦暉詞曲）

同胞哇！四萬萬五千萬的同胞啊！救我們的國，保我們的家。快起！快起！救中華，救我們的中華……。

五月的鮮花（閻述詞曲）

五月的鮮花，開遍了原野，鮮花掩蓋著志士的鮮血，爲了挽救這垂危的民族，他們曾頑強的抗戰不歇。震天的吼聲，驚起這不幸的一群。被壓迫者，一齊揮動拳頭。……。

戰歌（冼星海曲）

一二一，我們的心是戰鼓，一二一，我們的喉是軍號，一二一，我們揮舞起刀槍，踏上抗敵的血路。……。

幕阜山

幕阜山啊！幕阜山！你雄踞在湘鄂贛，你受盡了強盜的蹂躪，你受盡了強盜的摧殘，然而，你依然勇敢的站起，忍受著痛苦，按住了創傷，你永遠不停的呼喚，呼喚中華的兒女，抗強敵，救危亡，呼喚中華的兒女，抗強敵，救危亡。……。

出征歌

車轔轔，馬嘯嘯，槍在手，刀出鞘，男兒報國在今朝，男兒報國在今朝。死有重於泰山，或輕於鴻毛，不共戴天，仇未報，國仇未報，恨不消。神鷹東征倭，鐵甲夜渡遼，收復山海關，直搗傀儡巢。山隱隱，水迢迢，大好河山滿腥臊，不收復失地，誓不見同胞。

從日升半空唱到黃昏時刻，不知道疲倦，忘記了肚餓；我們知道學長們正在戰場流汗流血，或身陷重圍，生死未卜，或已爲國陣亡。我們不怕日晒雨淋風吹，堅忍着持續唱歌，感動了東西南北街的過路人，他們大方的捐錢給前方鬥士，和悅地端饅頭麵條慰勞我們。雖然只用唱歌喚起民衆的愛國心，但這晨鐘暮鼓的唱唱唱，愛國的熱情相似，該說是日本鬼子殘暴的殺害，逼使中國人萬衆一心，合力抗敵。

陝西電台的阿姨，見我站在隊伍裏唱歌，要求王老師把小黃鶯借給電台。這回，音樂老師推荐董彥明和我擔任獨唱。彥明的音質美又音量寬，是陝西省主席董釗的女兒，家裏有風琴，可以練唱，我倆同班，常在她家裏練新歌。

如今，電台唱完歌，有烤紅薯吃。我喜歡在街上唱歌，看忠厚的陝西老鄉，咧嘴拍手，五音不全的大聲作和音，唱出赤子心。

彥明被派唱洗星海的黃水謠，我被指定唱趙元任的「教我如何不想他」。王楷老師誇讚趙元任智慧高，撰用「他」代替祖國，讓唱的人注入感情，顯得靈活；愛國的眞情，使我唱得廻腸蕩氣。一曲「教我如何不想他」，紅遍校園。數年後，大陸易手，先逃到澎湖，剛上岸，服務的花木蘭，拉住我叫：「妳是那個教我如何不想他嗎？」衆人訝異，稍驚，我認出她是中正中學的學姐陸汴珍，她已忘記我的姓名，卻沒忘記我唱紅的歌曲，可見好歌會深藏在腦中。

一九四五年（民國三十四年）八月十四日晚上，是個永不忘記的歡騰之夜。抗戰第八年，物質貧乏，生活艱苦。正是暑假，白天到街上唱歌，黃昏回家，去田裡挖薺菜，雞窩摸雞蛋，給媽媽下麵條，這是僅有的佐食菜。晚飯後，在煤油燈下趕暑假作業，作的是最不喜歡的小代數。猛然聽到駐紮在大院子外圍的憲兵隊員，如雷聲般狂喊，尖怪的亂叫，我好奇地跑到院門口，有的憲兵跳到土牆上唱歌，有的在路口，舉槍對天空砰砰砰的放，有的哭著笑著，互相擁抱，有的爬到樹上高聲叫爹娘，遠處人聲沸騰，半空閃著子彈開花的星火。

「王小姐，上車，我載妳去鐘樓。」憲兵隊長劉明走近我，對我行過軍禮說。

「這麼亂，發生了什麼事？女孩子晚上不准出門。」媽媽也跑出來看突發事情，她是時刻不忘堅守家規。

「夫人，司令部來電話，日本人無條件投降，不要打仗了，我載小姐去鐘樓領唱。電台的播音員說—西安市郊外的人，都到城裡街上慶祝，有軍樂隊，舞龍舞獅，唱秦腔的易俗社，表演鑼鼓。妳也同我們去看熱鬧吧！」憲兵隊長滿懷喜躍地說。

媽媽拒絕了，想是要等爸爸從前線傳來的消息。

憲兵隊長裝了一卡車人進城，路上的行人，絡繹不絕；西安街上，人山人海，有的忘情的笑，歡欣雀躍，有的高興的哭，夜盡天明。軍車比牛步慢，大家下車走路，擠著往前，還是走不動，有人爬到西安城牆上，在高處，可以遠望下看，地理位置很好。劉隊長帶著十個憲兵，護著我擠上鐘樓。家住東大街主席公館的董彥明，四個保鏢把她抬上鐘樓，已經領著群衆在唱「墾春泥」。

墾春泥——

日出東來又到西喲，軍民合作墾春泥喲！種出桃花紅滿地喲，種出棉花白滿畦，種出楊柳好遮蔭呀，種出穀子好防饑，種出自由無價寶呀，不分高來不分低；不愁食來不愁衣，那怕敵人波浪湧呀！我們結成一座鐵長堤，歡歡喜喜不分離。

我攀上石墩，看見人堆中有人舉手叫口號——中華民族不會亡，中華民族萬歲——萬歲！大家拍手叫好。我和彥明會合，同唱李抱忱作詞的「我所愛的大中華」。

我所愛的大中華（李抱忱詞、但尼澤提曲）——

我所愛我所愛的大中華，我願永遠的爲你盡忠；你的久遠的歷史與文化，給我無限的驕傲光榮，你的江河湖沼，美麗如畫，我一生一世永遠懷想，你的平原山野何其偉大，我一生一世永遠不忘。我願與你共享一切榮辱，願與你同嚐一切甘苦。我所愛的大中華，我願爲你盡忠，我永遠愛你，愛我中華。

這是一首四部合唱曲，此時，我和彥明同唱，憲兵們作和聲，亂和一通，唱成八部，街上的百姓加入唱，成了千人萬人大合唱，已聽不見帶唱人的歌聲。忽然，高高豎立的電線桿上掉下兩個人，我清楚的看到白皮膚黃頭髮，穿飛行夾克的男人，從半空落下。

「飛虎隊旳美國人掉下來了，陳納德將軍的飛行員跌死了。」街上有人喊叫。

「他們來中國參戰，時間太久，有的從飛虎隊轉到十四航空隊，好多年啦！聽到不打仗了，可以回美國，當然興奮，就爬上電線桿發瘋囉！」有位憲兵說。

「美國人觸電死了！同胞們！不能爬電線桿。我們抗戰八年，不屈不撓，打倒日本，湔雪奇恥，保住江山，也要保住自己的性命，繼續愛國。」憲兵隊長站在石牆上，對著街上數不清的蠕動人頭說。

嘈雜哄鬧聲中，我和彥明及憲兵們，昂聲高唱。屋頂上有人放沖天炮，有人把鞭炮掛在竹桿上，辟辟啪啪，鑼鼓聲咚咚鏘鏘，子彈連續開花，星火在夜空閃爍。歌聲被掩蓋，舞龍舞獅的師父，英雄無用武之地，將龍頭獅頭頂在腦袋上，滿街都是狂叫狂歡的人。

今年，是抗日戰爭五十週年，倖存的抗戰小歌手，經過半世紀的離亂滄桑，遺憾中國的土地分裂了，中國人的心不團結合作了，痛心之餘，憶起那時代的慘烈豪壯，決定記下生命中的跳躍符號，中國人用鮮血匯成的愛國事實。這是中華民族，永遠牢記而具有代表性的歷史。

（發表於臺北「青年日報」一九九五年九月三日至六日）

第三輯　根深樹壯

根的呼籲

西湖山莊，湖上有野鴨閒游，屋外有清香鳥鳴。在鎖住一室寂靜的家裡，想著海外華人的心結——思鄉思親，不忘老根。念及老根，腦中浮現阿里山的神木，雖然樹身被雷擊斷，但老根已伸展到山坡下，生了小樹。有根，就能延蔓，生生長存。

來自臺灣的中國人，每在異國住一段時間，會像候鳥般，隔些時飛回臺灣，溫溫鄉誼，享享親情，嚐嚐家鄉小吃，心裡暖暖地，這就是內心有根的精神依偎，客居異鄉的情懷。

大家熟知的「鯉魚跳龍門」，最能顯示根的重要。鯉魚在黃河上游跳龍門，不是要去龍宮升官發財，而是要衝上急流，到上游產卵，去留下接棒的種，使子孫不絕，後代有根。還有鰣魚，牠們從海中衝過江陰要塞，去到長江上游，繁殖新生命，留下後代。牠們為了延續種族的生命，常有數千魚兒半途死去。可是，新生的魚兒長大後，仍然往上游衝刺，這種壯烈行爲，都是爲著不要斷根。

古老的中國，有五千年的歷史文化，光彩耀目；現代的中國人，有傑出的科學家、醫學家、企業家、發明家，以及頂尖的太空人等，令人驕傲歡騰。歡騰之後，應該珍惜先祖留下的燦爛文化，重視國家的歷史文物，繼續爲中國人爭光奪彩。勤奮的華人，常是快馬加鞭的往前趕，尤其是要趕上比自己強的熟人。

我們是同族同文的同胞，有同樣的文化習俗，各自從不同的地區國家，移居美國，理當不分地區國籍，共同努力，和樂相處。會下象棋的人，都知道卒子在過河以前，只是戍守崗位的小兵，最大的功能，是絆住來犯的敵人。然而，卒子過了河，兇猛得很，地位與車馬炮相等，橫衝直闖之外，尙具擒將本領。這群過河卒子，到了海外，成爲華僑，屬華裔一脈，是國家在海外的重要資源。華人在異國住上五年，入了美籍，落地生根。久而久之，心之所驅，喜歡和同是華人的聚在一起，立個宗親會，組個同鄉會，結個校友會等，匯集大衆力量，運用個人才能智慧，使生活多元化，增添些精神樂趣。從大我方面，可以做些善事，從小我方面，個人理念抱負或義工意願，得到協助，便於達成。在有限的活動範圍，社團與社團之間，或個人與個人之間，相互扶持，彼此鼓勵；鼓勵是不化錢的獎品，卻能產生強大的電力，成了動力，加速了成功機率。於是，不同才智的華裔，在這塊自由民主的國土上，發揮得淋漓盡致。這些頭頂光環的，有諾貝爾得獎人丁肇中、朱棣文等，有爲世紀絕症愛滋病，發明雞尾酒療法的何大一，有網路企業家雅虎等，他們爲大我貢獻己能，成績輝煌。還有許多勤勞不輟，在事業上突破再突破，獲得漂亮的成績單，展現在華人面前。在自己累積心血的結晶、產品上，件件印著中華兒女的「自豪」商標，很值得欣慰。

在團體合作上，常見組合分散，重組分組的現象，因此，較個人成績遜色。任何社團，要重視精誠團結的凝聚效用，懷著和衷共濟的心志，才能顯出團隊精神。只是，不在乎同族同文同根的人與事，隨時可見。有位老華僑對我說：「一個中國人，是一條龍，一個日本人，是一條蟲。三個日本人，是一條龍，但是，三個中國人，就成了一條蟲。」意思是指中國人聰明能幹，個人表現優越，可惜不理會「團結就是力量」的作用。反觀日本，國土小，人口少，卻是世界經濟大國，乃因全民智慧集中，能力集中，財力集中，有服從精神，能團結合作，發揮出的極力效能。

最近，美國總統柯林頓，頻傳緋聞，被媒體窮追報導，受輿論家數罪猛打，甚至有共和黨議員怒叫：「民主黨總統柯林頓下台」，有反對人士羅織罪名，要求柯林頓總統辭職。但是，美國人民從大處著想，以國計民生爲重，儘管各種聲浪不息，經民意調查，認爲目前的美國經濟情況，是近五十年來最好的時期，人民給予總統七成三的支持，肯定柯林頓的施政成績。調查中顯示，柯林頓的聲望攀高，不降反升，居高不下，且有人指責緋聞查證人史達，在從事黨派性任務，製造黨派分立。明眼人清楚的看到，這次的緋聞風波，爆發三個半星期以來，柯林頓從驚濤駭浪到危機紓解，過程戲劇性的變化，受困的總統，已佔上風。究其原因，緣自白宮各部門及民主黨內各組織，智能合作，有效運用團隊精神的成果。由於民主黨的黨根堅固，雖然平時偶有紛爭意見，但當同黨人柯林頓陷入困境，皆能捐棄歧見，衆志成城，合力將搖擺的總統寶座，托牢扶穩。這群向心力十足的團隊，令人敬佩。從報導中，雖仍見餘波蕩漾，而柯林頓的「輕舟已過萬重山」。

人患的毛病，常常是自己引起的，有些無形的絕症，往往致自己於絕處。例如：玩政治而無原則，做生意而不走正道等，總在「取巧」上著力。過了河的卒子，個人的戰鬥精神很旺盛，但到了連線聯盟的團體，本領雖依舊，心略卻不同，故而，步伐不齊。其實，處事待人，以誠爲重，誠者成也。遇上難題，合力除難，必會迎刃而解。萬一不成，絕不扭曲眞象，散佈不實惡言，誣害他人。生命的本身，是有尊嚴的，首先要尊重自己，更應該尊重別人，這是人格的光輝；而黑白顚倒，是非不明，挫傷無辜，是踐踏自己的人格，聰明人不爲。

華人來自不同地方，背景各異，觀念有別，對事物的認同有差距，這是常態。如同十指有長短，林木有高低，能夠領會理解。然而，已有數十年人生歷練，該能明白，理念不同，可以溝通，意見相左，可以協調，從相商中減低或消弭，爲大我重塑形象。丟棄三個中國人，是一條蟲的痛心烏誌。

既然同是過河卒子，是延伸的小根，理當暢開胸襟，放遠眼光，爲大我時時眞誠，步步踏實；必然是年年歲歲根發芽，歲歲年年根強壯。結合衆力，在各行各業上，拔群出衆，延綿不斷，生生長存。

（發表於「洛城文苑」二〇〇〇年第十四期）

璀璨人生

宗教在中國，能「道并行而不悖」，是因爲在傳統上，中國人讚賞「以出世精神，做入世事業。」故而，慈悲的宗教家，以仁惠情懷，造福人類，以信、望、愛的大德，拯救生靈。

中華民族，歷來以仁愛與倫理的規範，作爲處事做人的基本原則。因此，信仰宗教與實踐倫理，並行不悖。

大陸變色，有些中華兒女，泣別先祖開發的壯麗山河、遼闊原野，移居美麗寶島。離鄉背井的中華兒女們，精神上處於低迷期，迫切需要精神滋養。宗教家于斌樞機主教，見識閎遠，爲使中華文化，源遠流長，中華兒女，精神奮發，特意提倡春節期間，舉辦「敬天祭祖」，這種傳統倫理，最得民心。以于樞機主教的崇高地位及仁心睿智，倡導推進，立刻得到熱烈響應，即於中華民國六十年（一九七一年）的春節，舉行大型「敬天祭祖」典禮及春節團拜。那天，祭台上掛著「黃河萬里圖」，提示國人，黃河是中華民族的發源地，中華兒女，理當牢記傳統的倫理文化，那是中國人的資源；每代人應該做到愼終追遠，才能承先啓後。

世界上，唯有中華民族，是以先人爲拜祭對象，因爲這個民族，篤信報本返始的道理。崇奉「人的宗教」，並不迷信，而是緬懷先賢；況且，敬天與孝思，本是天人合一，很適合中國人，更適合天意。中華兒女，虔恪遵行「敬天祭祖」，海外華人天主教徒，爲懷念先祖，崇德報功，亦循例舉辦此項活動。明道，需從社會教育做起；宗教，肩負教化責任，這正是天主教與衆不同的善責。

國家強盛，在於教育工作，能夠積極實施；教育發達，人才增多，國家資本豐富。于樞機主教，深知教育最切合實際；爲愛國育民，決心創設輔仁大學。於是，籌備經費，建蓋校舍，聘請教授。經年累月、勞心勞力，在萬方矚目，萬人敬佩下，天主教輔仁大學，巍巍昂立在新莊。

于樞機不只注重大學教育，且注重中等教育。位於越南華僑集地的堤岸，有三所天主教中學，其中兩所，屬于樞機所捐贈。越戰時期，華僑青少年們，眼見戰火激烈，傷亡慘重，情緒波動難安，需要心靈輔導；幸有教會中學，除教授一般課程，還佐助人文及人格教育，更從老師手中，收到關愛。當地的華僑，心存感激，在校園內的涼亭、石碑、石桌上，篆刻著對于斌樞機主教的敬愛與感恩，字字代表華僑們的心聲。一個人的崇高偉大，不是生前有多少奉承阿諛，而是死後有多少尊敬讚美。

約三十年前，我任教的學校，多數女生迷失在言情小說的愛情谷，副作用是畸戀在現實中翻版，遂請成舍我校長出良策。校長答：「用好書引導」。再求方豪神父借書，方神父說：「書架上全是好書，任妳挑。」捧著一疊文學名著，卻沒印刷廠敢印絕佳的大陸書和俄國書。天主保祐！有位哲學研究所的所長神父，願意支助。他說：「于樞機創辦的自由太平洋月刊，暫不出版。部份鉛字，在我那裡，能借給你；再添些鉛字，自己開印刷廠，成立出版社，就成了。去做吧！替妳祈禱。」於是，記錄文學、沈從文自傳、白痴、死屋手記，決鬥、窗外的女奴、現代小說論等四十多種，啓迪思想的傑作，轉移了學生的興趣，開導了明確思路，這是另一種救生。這份間接惠助，緣自于樞機以文化作社會教育的良藥，才有自由太平洋月刊，才能發揮鉛字的功能。

美國能以短短二百一十二年的時間，躍爲世界第一強國，乃因重視教育，重視多樣文化與專業發展。美國有本暢銷書，名叫「推動美國的二十五雙手」。內容是寫各類對美國有貢獻的人，散發本身力量，推廣社會效用。他們是全球資訊超人，精神導師、政壇慧星、企業領袖、建築大師、社會學家、正義之士、保健專家、音樂神童、諾貝爾獎得主、生物學家、心理學家、家政女神、道德宣傳家等二十五雙專業行家的手，結合衆力，使動力發榮，產生影響，致能國脈暢達，國家興盛。

每個人在生命中，要實現的目標不同。于樞機是宗教家，故而，推崇傳統倫理，推廣教育事業，推動文化工作，依照目標，建立事功；每件都是千秋萬世的事，亦正是精神長存的哲理。後世人緬懷于樞機的美德功業，心悅誠服，更啓示人衆「生而爲人，須確立人的價值觀」。所謂「人之有志，志在益人」。令衆生敬仰，更是感激！

刊於「典型常在文集」一九九八年八月

根深不怕風搖動

中國人的民族情懷，超越政治。所以，居住在海外的中國人，對家鄉及親人的思念，不因定居外國而淡遠，尤其人到老年，都有不在異鄉作異客，我願月圓人亦圓的期望。

※　※　※　※

大陸赤化，我隨人潮乘軍艦到臺灣，原以爲不幾年，能反攻大陸，重回故園。可惜月月年年，心願難圓。思念同窗共讀，同行共遊的初戀人，只有夢裡相逢。

一九五四年，臺灣有件振奮人心的大事—一萬四千餘中國人，從韓國的巨濟島，搭飛機來臺北松山機場，他們是在韓國打仗的中國人，自願心歸臺灣的反共義士。

我發奇想—你正是當兵年齡，可能派去韓國參戰，你想趁機到臺灣找我。

義士來臺的那天，我清早便乘公共汽車到松山機場尋你。看見義士們登上敞篷軍車，開始遊行。路上人山人海，夾道歡迎。

我跟著長長地車隊追跑，對著每輛軍車上的義士，呼叫你的名字，喉嚨叫啞了，也沒有應聲。再往大陸救濟總會詳查義士名冊，簿上無名，頹喪而回，估計你鎖在鐵幕，沒有離鄉避秦。

大陸開放，港臺商人將資本主義帶進中國大陸，繁榮的經濟，養活著社會主義的軀殼，更好的是促使人民的思想改觀，敢於接待國外親朋的探訪。

一九八四年，我首次去大陸祭母並尋你，沒找到。

八六年回母校，查問你的蛛絲馬跡，無線索。

八八年拜託已找到的同學，點線串連追蹤，終於找到你的弟弟，知道你還活著，沒被「文革」整死。

家住開封的昔日老師，常勸我這遊子返鄉，落葉歸根。

九〇年秋，老師安排你我，在鄭州國際飯店「重逢」。

預定見面的那天，老師帶著在河南大學教書的學生丁時（我的初中同學），作陪壯勢，時間到，你帶著兒子及河南省級高幹同來，看陣仗，猶若一場「辜汪會談」，只在你我三人在我下榻的旅館房間等候。

四目接觸的霎那，你含情的眼神，帶笑的嘴角，露喜的臉上，感受到是「故知相會」。

「這位是周廳長。這位是老同學王女士，她從美國來鄭州，看望中學時的老師和同學。」

你熟練地給雙方介紹。

我介紹老師及丁時，給你們認識。

「我的學生賺美金，她在旅館樓下的餐廳訂好了酒席，大家下樓邊吃邊說，餐廳有茶水飲料，話說渴了，有得喝。」

老師像大家長，衆人無異議，聽命下樓。

進到餐廳，在預定的餐桌就座。

「你們四十四年沒見面，能夠再見到，是緣份。王同學大陸沒親人，我帶個學生來，人多的好處，是不冷場。」老師的開場白是引人說話，但這局面，不知從何說起。

「這幾年，兩岸關係改變，人民的生活在改變。彼此往來，取長補短，對兩岸有利。」你的語氣，像談判的發言人。

「臺灣採取和而不談，通而不統，競而不戰，分而不離。這樣做，對回歸祖國，誠意不夠。」省級高幹像個國務院來的，態度傲慢，口氣僵硬。

「以海外華人的看法，大陸實行獨裁政策，大家長作風，不尊重人權；吃官飯的人濫用職權，大貪小貪，這樣的祖國沒有人認同。我記得抗戰剛勝利，共產黨的潛伏分子在各中學大學，發動『反貪污反暴政』的宣傳，不就是你們今天的情形嗎？過了四十四年，你們當年喊出的口號，輪到我來說『反貪污反暴政』，我要加一句『反濫權反吃公』，我會認這種祖國嗎？」高幹的出現，已讓我反感，還想統戰，看錯人了。

「報上說—美國人把海外華人叫香蕉，意思是說那裡的中國人，外面的皮膚是黃色的，內裡的思想，是和白人一樣的西化，是眞的嗎？」高幹欲用另一說辭折服我。

「所謂的思想西化，是接受他們尊重人權、民主自由的作風，這是天安門的學生，想用生命爭取，而沒爭取到的。在海外，有中國人居住的地方，就有中文學校、中文報紙；學校和報紙，採用繁體中國字，傳授給下一代的，是傳統的中國文化。

「我個人認爲—語言文字，是民族的靈魂。所以，大陸用簡體字，破壞了中國文字的結構與含義。住在國外，該西化的西化，該中國化的中國化。你們對臺港商人的文書與廣告，用繁體字，在國內推行簡體字，你們天天叫『一個中國』，爲什麼把一個國家相同的文字，變成不相同？就是沒有體制，沒有遠見。」我的說辭，勝過高幹。

「你們彼此第一次接觸，沒有溝通，缺乏瞭解。這樣吧！我來唱個『順口溜』，讓美國來的老同學見識見識。中國有部電影叫『紅高梁』，在國外很轟動，裡面有首陝西調的歌，叫做『妹妹你大膽的往前走』。現在國內流行山西腔的官爺忙—中央忙改革，省市忙出國，地縣忙吃喝，鄉鎮忙賭博。」

丁時土腔十足，唱得有板有眼，逗笑了大家。

「我也有個順口溜。」你兒子說：「啃啃雞腿敬敬酒，開開大會舉舉手，開完大會去郊遊，回去報喜不報憂。」

你兒子的順口溜也是罵官員的，可見大陸的官員不被百姓喜歡。

「還有，還有，我再說個順口溜—打麻將一夜兩夜不睡，跳起舞三步四步都會，玩女人五個六個不累，喝大麯七兩八兩不醉，幹工作，九年十年不會。」丁時助我諷刺高幹，兩位官員臉無表情，我笑得嗆住了。

「唉！老百姓對政府的官沒有滿意的，特別是大吃大喝這方面。我的孫子喜歡說—檢查檢查，吃酒喝茶，只吃不帶，作風正派，連吃再帶，也不奇怪。」老師也受感染了。

「我又想起一個—抽支煙不管事兒，喝頓酒管一陣兒，不送東西不管事兒。兩位官爺是不是這樣？」丁時是教書的，生活清苦，對官員的貪污厭惡反感。

「一個時代過去，人民從改革開放的政策中，得到實際利益。現在做小本生意的個體戶，他們說的順口溜比較實在。他們說—手提一把秤，賽過鄧小平，肩挑兩個筐，賽過胡耀邦。」你的順口溜文雅些，也是對丁時的順口溜，軟性抗議。聰明！

「國家已將私營經濟給予法律承認，而且，鼓勵他們好好做。政府開禁了，七十二行之外，再加三百六十行。就這樣，沒有不幹的事，就這樣，經濟活躍起來了。王女士，歡迎妳來鄭州投資，我代表河南省給妳最好的優惠。下次妳來鄭州，我們的經濟改革，會叫妳刮目相看。」高幹端出堂皇話，反駁丁時。大陸的官，都有一套。

「在大陸，人民追求個人利益，增加個人收入。因此，政府官員用錢財取得官位，就是不對。我在上海坐計程車，經常聽到司機罵前兩位市長，江澤民和朱鎔基，說他倆是人民政府的孝子，全中國只有上海繳稅最多，年年比其他省市多幾倍，人民政府肥了口袋，就給他倆陞官掌權。以公款取得私利，這是病態的政治現象。聽聽你們的順口溜，醜相百出，我不會來投資，我會爲人民受天災捐款。」我正色的對高幹說。

適巧上菜了，我的話沒人反駁。十二道上乘美餚，包括酒及飲料，五百六十元人民幣。在喝酒吃菜的過程中，男女主角仍無法說私話，成了典型的採訪聚會。

飯局結束，他們三位另有官方活動，相偕離去。

「老師，今天的場面不能再有了。兩個人將近半個世紀沒見面，本該是有情人坦蕩一傾。而剛才，要不是我反應快，唱唱說說急救，說不定開火了，還沒敘舊就散了。」丁時直爽忠厚，請老師出主意。

「情人相隔在萬里以外，妳飛過群山海洋來會面，看他瞧妳的眼傻樣兒，舊情還在。我看啊！丁時，你明天領他們去俄國姑娘陪酒的地方吃飯，有外國美女在，氣氛好些，說話不致硬綳綳地，關係自然近些。我年紀老了，喝不得酒，不去了。」老師建議。

「妳還記得賀知章的『回鄉偶書』嗎？『少小離家老大回，鄉音未改鬢毛衰』。你倆見面不容易，少談國家大事，說說你們自己的私事吧！」老師拿起我的手，輕拍一下。

「老師雖老，可不古板，選中有醇酒美女的飯館，計謀不錯。」丁時笑著拍手。

※　※　※　※

鄭州火車站附近，有家中港合資的富麗酒店，門口高懸「俄國青春美女陪酒」的海報，以廣招徠，註明陪喝啤酒一杯，人民幣六十元。

省級高幹要開會沒有伴隨，丁時抬頭挺胸，滿掛笑容的引我和他父子倆，走進酒店餐廳。丁時曾去俄國留學，當年的俄國老大哥，被尊爲皇上皇，如今，俄老大的女兒來中國作陪喝酒，在丁時的意識裡，是太陽從西邊出來了。

身穿粉紅短裙，露出潔白長腿的年輕俄國女郎，展著白牙，甜笑著迎來，連說：「歡迎，歡迎！」領我們四人，坐在臨窗的桌位。

我掃目一看，客人約五成許，或是鄭州屬華中地區，到這兒投資的港臺富豪不夠多。沒多久，俄國小姐一手端茶盤，一手持餐牌，婀娜走來。

她放下杯盤，翻開餐牌，伸出細長的手指，點著幾種菜名。

「這些是俄國菜，嚐嚐吧！」她操著生硬的中國話說。

「妳會說中國話？」我驚喜地問。

她甜甜地一笑，點點頭。

「喜歡中國嗎？」

她的笑容消失，點頭又搖頭。

「大門口有四位俄國女郎的照片，妳們是同時來中國的嗎？」我頗好奇的問。

「不是，有人從西伯利亞來的，我是俄羅斯人，高中畢業就來中國。俄羅斯太窮了，沒辦法生活，我們家的人，快兩年沒有吃過魚肉和水果，偶而店鋪有貨，我們家沒有錢買，還是吃不到。

「我的小弟，在俄羅斯街上作乞丐，向美國的觀光客乞討。因爲生活困難，我們國家的人一個介紹一個來中國賺錢。我先在哈爾濱學習中國話，只學了三個月，就有餐館老闆找我作陪酒工作。我的姐姐在濟南陪酒，我和同學在這裡。有個伴，可以彼此照顧。」她用少數華語多數俄語，他們三個人聽得懂俄語，丁時快速翻譯給我聽。

「收入還好嗎？」我同情地撫著她的手背。

「飯店供食宿，每人每月兩百五十元人民幣，做久了，會加工資。姐姐和我寄錢去俄羅斯，養活父母弟弟。」她秀眉一揚，頗滿意的樣子。

「下班後呢？還做別的工作嗎？」我蓄意探問。

「鄭州正在開發，有好幾間舞廳，臺灣的客人錢很多，他們會請我們去跳舞，吃宵夜，都是按鐘點付錢，有時，也會到他們住的酒店陪喝酒……」她沒說完，大概下文難啓齒，便低頭寫菜單，而後，匆匆走開。

「看！俄國老大哥的社會主義，推行了七十多年，到頭來，百姓在貧窮中掙扎活命，年輕的姑娘要離鄉背井，來小老弟的中國討生活，作陪酒陪舞陪宿的工作。當年的世界超級強國，百姓淪爲饑民，這就是實行社會主義的後果。今天，大陸搞經濟改革，有些地區富裕了，鄭州學習『跟錢走』，市面很活絡。要是再抓緊社會主義，廣州海南的盲流會更多，運偷渡客到美國的漁船，要在大西洋上排長龍了。」丁時每有機會，就批判中共政府。

「鞋與腳趾頭的關係，鞋不合適，腳趾頭會反應。我們今天特意來喝酒，好好享受，不提社會主義，或資本主義，免得掃興，大家同意嗎？」你怕昨天的局面重現，立即叫停。

「好！同意。喂！俄羅斯小姐。」我招手，剛才的女侍快步走來。

「這裡有三位中國男士，他們會聽俄語，會說俄語，妳和妳的同學，陪其中的兩位喝酒，他們能喝多少，儘量喝；另一位男士，由我陪喝酒，他喝幾杯，我喝幾杯，照杯算錢，所有的陪酒費，是妳們兩個今天的收入，好好招待他們，我會另外給小費，行嗎？」我反應得當。

女郎白嫩的兩手摟著我的雙肩，閃著小酒窩，稚氣的對我傻笑，大概沒見過這種女豪客。

酒菜上桌，兩位年輕漂亮的俄國女郎，坐在一老一少的兩旁，老少兩個男人，對著新奇的俄國女郎，興致采烈，還沒嚐俄國菜，先划俄國拳，聽不懂說什麼？但四個人的笑聲，托出了快樂，減輕了我的顧慮。

「妳的隨機應變還像年輕時那樣，妳沒老。今天，本該是『酒逢知己飲』，要喝個痛快，慶祝我倆『年輕分別，老來相見』。但是，不能醉，我要清醒的用有限的時間，說無限的話。妳離開我以後，我曾和酒作了一段時間的朋友，大醉好幾次，只是『酒不解眞愁』。最後病了幾個月，苦啊！想見見不到的苦啊！幸虧大學一年級的功課不緊，沒有重修，眞正是往事只能回味。來！先乾一杯。」你皺著鼻子想哭，忍住了。

「面前的你，是解放前的？還是解放後的？」我引他表白。

「對著愛了一生，值得我等一生的人，有緣再見，卻是無能無奈，慚愧！就拿我到鄭州見妳來說，我得用出公差的理由，這是爲了在家中保全家長的形象，在單位保住官位。

「大陸的妻子，醋勁大得很，她不只在家裡吵架，還到各處擴大宣揚，向上級添油加醋的告狀，若有把柄在她的手上，不丟官也脫層皮。不少優秀同志的愛人喜歡吃飛醋，將猜疑當成眞事，硬把丈夫整垮。

「昨天，陪我的周廳長是我請來的，我告訴他─有位老同學從美國來鄭州探親，我到鄭州談兩省產品交流，順便和老同學見面，介紹他和妳認識，找妳投資做生意，這是掩飾、藉口。我兒子也是我叫他來陪伴的，若不主動提出，我愛人會要子女暗中盯梢，那就不知道要加幾斤鎮江醋進去。

「只要妳明白，我是眞心專程和妳相見，就夠了。我還沒到離休的年齡，可以再做幾年事，不得不謹愼，千祈原諒我的無奈。妳知道，斷了線的風箏找到了，怎會不高興得想擁抱妳呢？而我硬要克制住，不露在臉上，難呀！

「四十四年來，在心裡叫妳千萬次，在夢裡見妳千百次，眞的面對面，恨不得把心裡的話全倒給妳。可憐喲！有官方的顧慮，有家庭的約束，恨我不像妳是個單身，該多好！」

你背朝兒子，字字清楚地輕聲說。

我抬頭看桌對面的你兒子，紅著臉，兩手忽高忽低，和俄國小姐比來比去，互指眼睛、鼻子，笑得嘴都合不攏。

「如此說來，你是解放前的心，解放後的身囉！這樣就好。告訴你─愛不需要任何形式來證明，我隻身過了二十多年，也因爲心裡沒有地方容下別人，才想盡辦法找你，找到了，看見你身體健康的活著，一同呼吸人間的空氣，已比許多無緣再見一面的人幸福。來！喝杯同心酒吧！」我看到你舉杯的手在顫抖，知道你很激動。

「要是妳有老伴或男朋友，我會安心些。妳這樣一個人生活，我好難過，不能照顧妳，不能陪伴妳，眞是不見面是痛，見了面要克制自己，壓住感情，也是痛。這幾天，我恍恍惚惚，像是醉中作夢，感覺快樂，卻不舒暢。」你舉起酒杯，緊閉眼睛，喝下手中的半杯酒。

「在人生的道路上，有合意的伴侶同行固然很好，如果不是知己，享受孤獨清靜，感覺上擁有很多，我常覺得你在我身邊。你的婚姻還滿意嗎？」早想問的話，遲遲難開口。

「一九四九年，妳去了臺灣，宣傳上說—臺灣人民生活在水深火熱中，每天吃樹葉、香蕉皮過日子，猜想妳活不下去，會回來找我。等妳七年，接著三反五反，大環境變得厲害。一九五八年反右運動，我們的生活苦了，不願意妳回來受苦。我母親受不了折磨，病倒了，要人侍候，我就和同事結了婚。我是人結婚了，心跟妳去了臺灣。」你淚在眼內滾，頭一斜滑了出來。

我遞紙巾給你，你拭去眼淚，把紙巾貼在唇上，合眼沉思，然後將紙巾摺成方塊，放進衣袋裡，似是放妥一件珍品。

「文革時期，你受些什麼苦？」這是我最想知道的。

「文革時期，人人受難，無人幸免，只有大苦小苦之分。我家在漢口市是大商家，被劃成大右派，罰我到山西煤礦山挑煤，每天來回走三十華里，晚上睡在黑漆漆的窰洞，天天吃不飽，還要照幹，受了九年的苦，沒被折辱死，得天保祐。

「那時，我身上藏著一面小鏡子，早上出門前照照鏡子，看看霉氣還在不在額上？幻覺中，妳在鏡裡對我笑，妳的笑容像春天的陽光，是我撐過文革的力量。

「有次礦山坍塌，我被救出後，小腿骨壓斷了，躺在窰洞的炕上養傷，心裡空蕩蕩地，就叫仙仙、仙仙！覺得靈魂和靈魂抱在一起，想是妳的魂魄來安慰我。我告訴自己，死不得，要活著看到妳。現在見著了，不能重續前緣，連抱抱妳都不行，爲什麼『絕處逢生』的事，不落在我的身上呢？」你雙手交錯緊握，指骨「喀喳，喀喳」的響。

「可以再續前緣，只是不能那麼做。你被打成大右派，平反後進入官場，做到省級長字號，已是出類拔萃。記得當年，你報考武漢大學政治系，要我填寫法律系，計劃兩人搭檔走上政治舞台。現在，大風大浪過去了，你身居高官，有寬敞的活動空間，不可以放棄。倘若大陸經濟改革進入軌道，以你的才智能力，勝過中南海的那群掌權人；你要看得遠，志氣要宏大，中國，包括海峽兩岸及香港，你立足在這塊遼闊的土地上，人脈熟悉，已具經驗，當幸運到來，方便發揮，好好爲中國人做些建設性的大事。

「如果我自私，會鼓勵你去美國，那就美夢成眞了。可是，那樣做不僅晚節不保，彼此的子女也不會接納。還有，四十多年的隔閡，生活與思想都有差異，我們只有感情貼近。就算能發狠心，拋開一切不顧，大談『黃昏戀』，萬一因故吵翻了，那就進退兩難了。我們從認識到現在不曾爭吵過，我要保持『良好記錄』，讓你爲中華民族的前途，貢獻你的餘年餘力。

「只是現在的大陸，百官死要錢，做賊的比不做賊的人多，經濟起飛了，不是常態發展。是畸型……。」

正說著，俄羅斯女郎叫我看你兒子，他摀住嘴想吐，女郎扶他到洗手間的門口，等在門外。

「一年動刀兵，十年不太平。要是不發生六四事件，我會派去美國工作半年。後來，美國對中國大陸的政策有變，我派去東德，過了半年的歐洲生活。要是去了美國，那半年，可以補償四十四年的相思，那可眞是天從人意。唉！現在是落花流水春去也。」你抿著嘴，表情沉痛。

「有這麼好的事？怎麼沒聽你說？」雖然事過境遷，仍想知道。

「怎麼說呢？信上不敢寫，信會被檢查，電話不敢說，有人監聽。天安門啊，天安門！這叫有緣沒份，聽人說，初戀多是美而不實，是眞話。初戀肯定留在心上一生，絕不假。」你兩手合掌，而後十指交握，互相撥動，手指在纏綿。

「驀過春山草木香，能有機會表白，清水見底，明鏡照心，夠貼慰的。」我睇著眼看你。「鏽花雖好，不聞香。」你眼睛巡視兒子。

他正從洗手間出來，俄國女郎扶著他慢步走來，他的手搭在俄國女郎的肩上，頭垂在她的胸前，不知是眞的乏力？還是醉翁之意不在酒。

這會兒，你巧妙的握住我擱在桌沿上的手，溫溫熱熱，像過了電，斷了四十四年的電路，接通了。

四人中，最清明的是丁時，他陪著喝酒，卻控制酒量，雖然在划拳，看得出是應景，在製造你我的說話機會。

我倆有機會聽對方的心裡話，沒有白見面。單絲不成線，有空寥的感覺。如今，心和心連上了，雖不開花，聞到花香已夠滿足了。

「年輕人功力不夠，容易醉，睡一覺就好了。我的酒量不行，今天就喝到這裡吧！讓小伙子回去睡覺。」丁時看看我，徵求同意。我想正是收場的時候。

「好！贊成，不能也把你灌醉。請你攙小伙子到門口叫計程車，我付了賬就來。」這是值得開心的一次付賬。

※　※　※　※

昨天採用的方式，既可讓你兒子開眼界，玩得也稱心，更讓你我有時間談心。故而，我提議今天晚飯後，到國際飯店的附設歌廳，聽歌跳舞，票價一人二十五元人民幣，仍是昨天的四員大將。

舞廳佈置得鮮麗俗氣，座位多，舞池小，許是擺測字攤的人較多。我選右後方的牆角座位，點了瓜子、蠶豆、芝麻糖、汽水。

丁時第一次進舞廳，兩眼專注地跟著琉璃燈旋轉，來跳舞的人很多，約有八成五的客人，大多是年輕人，可見年輕的一代，已在追趕潮流。

台上的歌手化妝艷而俗，對著台下媚眼亂瞟；唱的歌曲多是臺灣流行的情歌，以及白光、周璇的慢節拍曲子，供人跳舞。

舞台左側，坐著一排伴舞女郎，身穿不中不西的洋裝，胸前吊著叮叮噹噹的飾物。一位年輕歌手，正在唱周璇的「地久天長」，你兒子急步奔向舞女，拖著舞女滑進舞池。瞬間，舞池擠滿了人。

我站起邀你共舞。

「不行，不行。我兒子回家會打小報告，那就麻煩大了，把他媽惹生氣，不許我和妳見面，連再看妳一次都無望了。忍著點吧！叫丁時和我兒子找舞女去跳，我們坐著說說話，我還有話要對妳說。

「知道嗎？我心裡很想和妳再跳『鍾山春』，我好喜歡那旋律。還記得吧！抗戰勝利那年，妳從西安轉來漢口讀書，迎新會那天，第一首舞曲就是周璇唱的『鍾山春』，音樂才響，我飛跑到妳跟前，自我介紹是班長，歡迎妳插班，請賞光跳第一支舞。往事如在眼前，卻不能和妳同心同步的共舞，我的心多麼苦？但是，後患嚴重，不能只顧眼前。」你說了一長串，我靜靜地坐著。

「怎麼這樣怕老婆？你的日子怎麼過的？」我顯出不悅。

「不是怕，是不願有把柄。我的記錄好，婚前只認識妳，妳丟下我走了，時隔七年，才同她結婚，婚後乖乖守著她。否則，她會放我和妳見面嗎？她會不在乎美國華僑的吸引力嗎？會同意妳打電話到我家和我說話嗎？我約束自己，只求她在小地方別刁難我，這是爲了能再見妳作出的犧牲。」你直著脖子，烏黑的眼睛一動不動，不甘心卻無助的說。

「世上萬般愁苦事，無如死別和生離。」我摀著臉，想哭。

「眞正的情人，像是自己的上帝，妳不知道，我一生都把妳當上帝嗎？」你拉下我搗臉的手，移到桌下，緊緊握住。

「這句話很好聽，非常感謝，但我不敢接受。我是天主教徒，恭敬天主，在萬有之上。不過，這句話讓我明白，我在你心裡佔有的位置，很暖心。」我將另一隻手蓋在你的手背上。

台上燈光轉黯，穿著深色西裝的中年人，向台下曲身行禮，而後調音，用小提琴獨奏「梁山伯與祝英台」，琴音清澈、細緻，迴旋幽怨，同俞麗拿的「梁祝」比，技藝相儕。奏到「抗婚」，曲調哀痛悲憤，樂音在空氣中膨脹，曲至「化蝶」，變爲輕柔飄旋，活潑悅美。

「我的心，願意化爲蝴蝶，和妳在洛杉磯的西湖村，妳家後院的花叢，同飛同舞，天天飛，不會累。」你雙目微閉，已被曲中的變化感動。

「拉提琴的人我認識，是鄭州電影學院音樂系的教授。他每天表演兩場，工資高過當教授，家裡已經買了日立牌的三大件電器。」丁時提供資訊。

「他的琴藝一流，用在歌廳伴舞，場地不合適。」我覺得浪費才藝，也是專業人才的委曲。

「這叫『錢第一』，能來設備現代化的地方賺錢，算是不錯的；許多大學教授到街上擺地攤，醫生在貿易市場給人量血壓，我帶著兒子女兒，在貿易市場門口賣茶葉蛋。教授宿舍靠街邊的，家家在牆上開大窗，破牆開小店，賣饅頭包子，雜貨衣襪，都是『向錢看』；物價漲得反常，現在的大陸人，只要聽到『能賺錢』，男女老少齊動員，眞是全民皆商了。要活命，清高不起來。」丁時心中的酸苦太多。

「報上登過－有一任深圳市長很有生意眼光，會向北京權貴送禮。市長做生意，七年賺了一億人民幣。證明貪污到處流行，人人中飽私囊。」我想證實報上的消息。

「女同志，報上公佈－中國的外債快到七百億美元了，貪污的官爺太多，錢都進了私人口袋。」音樂響了，丁時說完，擠進舞池尋樂去了，他很洒脫。

「你叫我寫信時，加上你妻子的名字，以免妻子告你有『情書』，每次打電話到你家，明明聽到是你的聲音，你卻要妻子先和我說話，而你在電話中向我報過平安後，不敢再多話。唯有信上，常是一語雙關，或借名家詩詞表達心意。每次讀你的信，雖然費神，卻有薄醉微醺的歡喜，心也會像蝴蝶一樣，和你在珞珈山上，東湖岸畔，漢江水上，同飛同歇。」我身體斜倚，靠著你的肩膀。

「是這樣的，愛情昇華到心心相印，不結婚更痴迷，夢裡的擁抱特別溫暖，我有幾十年的經驗。」你用手背在自己唇上一抹，以口輕吹手背，送「氣」給我。

我咯咯地笑，多麼有趣，你頑皮得像小孩，滿甜心。

「回禮呀！要回禮的。」你伸長脖子，笑著望我。

我在左手掌心印上吻，用右手的食指輕彈給你。

「看球，跳籃，進！」你的右手，在空中俐落地一抓，快速拋入口中。

我忘了，你在學校不僅功課優良，還是籃球高手。

記得每次球賽，你會技巧的滑跤，要我這醫護隊員擦紅藥水，明知你沒受傷，我胡抹一下，你快活得像小鳥般，跳蹦著進球場。

台上，穿淺紫紗裙的妙齡歌手唱著「無言的結局」，我隨著唱—也許會忘記，也許更想你，也許已沒有也許……

「這是什麼歌？肯定更想妳，怎麼會已沒有也許。」你扣緊濃眉，黑亮的眼睛直盯著我。

「愛，常是伴著眼淚。也許已沒有也許，也就沒有眼淚。」話剛止住，音樂停了，跳舞的人回座，丁時和你兒子，臉上掛著笑與汗。

「王姑姑，我長到二十六歲，第一次跳得這麼過癮。這裡的舞女很會教人跳，很快的踩上拍子，舞步配得上拍子，跳起來才有勁。謝謝姑姑，妳要不要去跳舞？」你兒子的長相，有你年輕時的俊逸，笑的時候，齊白的牙齒與紅唇，最像你。

「我的血壓高，聽唱歌最好，等會兒把你爸爸介紹給會教舞的小姐，讓你爸爸也去樂樂。

回到家告訴你媽，父子倆來鄭州，到過兩處好玩的地方。」我虛應了一番。

「湖北省府常辦高級舞會，請舞蹈學校的師生，教不會跳舞的官員，我很少參加，我喜歡下象棋。」你坐直身，正經地說。

「跳不到終場了，骨頭快散囉！趁現在還有點力氣，踩得動自行車，我先回去了，老啦！你們多留一會兒，聽歌的聽歌，跳舞的跳舞。」丁時年逾六十，硬是幫我「調虎離山」，撐著陪玩，腳停下來，後勁不夠。

若是留下繼續和你說話，話源豐實；但爲避免有把柄，決意同進同出，各自歸去，明天再排新節目。

※　　※　　※　　※

清晨，我還沒起床，你從招待所打電話來。

「吵醒妳了，對不起。今天下午四點半，我和兒子搭火車回武漢。因爲，後天要去北京開『全國對外經貿大會』，我負責報告武漢的經貿發展實況，不能誤時誤事。原諒我，明天沒法送妳上飛機去香港。今天中午，我請妳和老師及丁時，在國際飯店吃午飯，我買了一件紀念品送妳。」你語氣平和，好像唸新聞稿。

「爲什麼昨晚聽歌的時候，你不說？」我語帶責怪。

「那麼溫馨難得的好時光，提出早妳離開鄭州，不親自送妳離開祖國，顯得無情義，也怕妳當場生氣，錯失說話的機會。事實上，我抽出四天的時間，向妳交心，已經打算接受家庭革命。我必須顧到以後，這次準時回去，信用建立了，才能爭取下一次的機會；信用不好，就沒有以後了。再說一次，這不是我願意的，我的人走了，心陪著妳，時時在妳身旁。」你的聲音轉緩，我聽到輕歎。

我請丁時去接老師，你父子倆上午十一時來我的房間等候，老師和丁時到了，便下樓進餐廳；今天的菜餚豐而佳，山珍海味加名酒，比我請客豪闊，想是大陸的吃「公」作風吧？

你頻頻斟酒，敬老師，謝丁時，請求丁時明早送我上飛機，我離境後，要他發電報給你。你和我對飲，告訴我─健康生快樂，快樂生健康。似乎又像第一天，不知如何找話題。

「這酒菜全是高檔貨，貴得很，讓你破費了。」老師慈顏含笑，舉杯謝你。

「這年頭，當官的比教書的強，憑我這大學教授臭老九，就請不起這桌飯。不過呢，說實話，當權若不行方便，念盡彌陀總是空。只要鄭州的貿易市場繼續開放，我能長期擺地攤，生活上不困難，證明小平同志的經改路線走對了。」丁時的民怨是百姓的心聲。他回敬你，一飲而盡。

「我知道有個順口溜─窮得像教授，傻得像博士，壞得像黨員，挺寫實的。」你兒子年輕，未經思考的冒出口來。

「世事如棋，局局新。我們的國家正在變進，現在戰略轉移，把黨管經濟改成公私合營。鄧小平同志南巡，對中國人的經濟躍進，是最大的鼓勵，他堅持這條路線的方針正確。據調查，九一年人民手中的錢，已可買到家用品的四大件電器；九二年城鄉儲蓄，個體戶存十萬人民幣的，已很普通；一般個人銀行的存款，已到一千人民幣以上。只要私人經濟情況好轉，將來成爲亞洲矯健的龍，就不是夢想。」你侃侃而談。

「兩人同心，黃土變金。我們國家的官和民，不是一條心。瞧人家福建人，家家有外滙美金，因爲有親戚在美國賺錢。可他們，還是願意花二、三萬元偷渡費，捱苦捱餓冒大險，去美國賺大錢。那些大陸留學生、六四民運人士，國家放寬政策，歡迎他們回祖國，他們硬不回來，這叫不合作，不信任。」丁時牢騷滿腹。

「根深不怕風搖動，國家如此，友情更如此。」你沉穩地說，目光停在我的臉上。

「我說的是實話，『小孔不補，大孔叫苦』。老百姓說順口溜，表達的是不滿的意見，言爲心聲，也確實不冤枉。」丁時認爲你沒針對問題回答，補充說明。

「人的交情，要像水仙花，淡淡雅雅的，香氣不刺鼻，開的時間久。」老師不願在離別餐會上，不歡而散，故意將話題岔開；而官與民的想法與做法，是分歧的。

「我雖然住在美國，仍然關心大陸的一些動態。就我所知，沿海經濟發展的速度，在百分之十五以上，福建屬於富裕地區，住民應該滿足，要是富裕的人民也去偷渡，已不純是『金錢因素』。因此，政府應該檢討眞正的原因是什麼？對我來說，這是我生長的地方，理當愛多一點，但是，它的毛病太多了，最重要的是不得人心。像收回香港，很快就可實現，但收回人心，就不是一九九七的時間能辦到。聽聽那些順口溜，都沒有讚美的話，政府應該正視。」我據實而言。

「妳住在美國，那裡是妳的婆家，今天在座的，是妳的娘家人，祖國是妳的娘家。這麼說妳也許不同意，因爲妳入了美國籍，已經落地生根。但是，這塊土地，是妳生長的地方，尋源索本，落葉歸根，是自然現象。就爲這理由，我選了一件有意義的禮物送妳。」你不針對丁時的問題，也不回答我的話，顯然，今天你將重點放在私人情誼上。你從紙袋取出一個大木盒，拿出精美的石頭工藝品。

「嗯！七個大小不同，形狀顏色不同的石頭，組合成少婦揹子攜物，蓮步走路的姿態，取名『回娘家』。好！特別是白如玉的少婦臉上，前額垂著劉海，後腦挽著髮髻，眼睛笑成一條線，抿著小嘴，背上的肥兒子張著口，笑得像傻猴，手搖小鼓兒，小腳丫的姆指翹著，很有趣。這構圖很有創意，含意不錯。」丁時歪著頭看著秀麗的石頭女人，又轉頭看你，詭秘地對你一笑。

「我看見也會買。石頭選得好，顏色搭配得藝術，尤其是兩張臉畫得傳神。還記得嗎？先有綠葉後有花，先有祖國後有家。這是抗戰時期唱的歌，雖然時代不同了，人總要有歸屬，靈魂才安穩。而且，舊人重見，情誼沒斷，回祖國定居吧！」老師的慈目在我的臉上環視。

「謝謝老師的提醒。我喜歡這件禮物，特別是『回娘家』這三個毛筆字，蒼而秀，像是後來寫上去的。」我瞇著眼看你。

「妳的眼力不錯，是我的字。原來寫的『回娘家』字體小，不顯眼，我想輸進自己的誠意，先用同色油漆塗在板面上，蓋住原來的三個字，再用毛筆寫上大一倍的『回娘家』三個字，下面題著我的名字，正式懇請妳記住娘家，以及娘家的人。」你站起，雙手捧給我。

我左手接物，右手伸出握手，你用力過猛，擠得我的手指痠痛，但覺得一股暖流滲進心，又是四目相接，這次的眼光如心靈相機，攝取了你的外表和內心。

「謝謝！我會把這件工藝精品高懸在書房，提醒自己回娘家。這次回來，不算是『圓』，只算兩條交叉線碰上了。因爲明天早上九點鐘我要搭飛機到香港，再轉飛機回美國，所以，還沒有『圓』。我希望有一天，眞正的回娘家，娘家的人都能吃飽穿暖，而不是南方人富得奢侈，北方人窮得可憐。像甘肅偏區的百姓，年收入不到三百人民幣，常年挨餓受凍，而黨幹高官卻能吃公用公。還有，要實行法治，而不是凡事一把抓的人治。讀書人明白『地不長無根之草』，有根，得加營養，草才青綠好看。要是祖國沒有民主法治，不尊重人權，我寧可做海外遊子。」我有條件的答應回娘家。

「不要悲觀，這個國家是有希望的，雖然經改沒有全面推行，總在一步步向好處走。我們有十三億人民，沒有人餓死，已經照顧到百姓。雖然法律的約束不夠強，但在懲罰罪犯，重犯肯定槍斃。我們國家的土地廣闊，資源豐足，正在往開放中的國家，努力前進，還是那句話，根深不怕風搖動。我們隔了四十四年才見面，彼此都是花甲年齡，壽命屈指可算，妳要是不回來，我就有可能再見不到妳。如果，祖國開放到可以去美國接你，我一定是最早去迎妳回娘家的人，請繼續相信我。」你柔情的凝視我。

「明天，我代表娘家人送遊子再飄洋過海。老兄，你也得用行動感化遊子『無根的心』，不是嘴巴說說，她就願意回來。哼哼！她現在還不知道『花落誰家』呢！」丁時言中有意，卻也屬實。

丁時的話，使你心苦意亂，濃眉緊鎖；久別重逢，又要分別，使你心漾離愁，因此，千頭萬緒，默然無語。

「噯呀！別把眉毛鎖斷了，開心點嘛！我鍥而不捨的找到你，不會只見這一面，除非大陸再拉上鐵幕；然而，情勢與民心已不允許走回頭路啦！你保重！有健康就有資本，還愁見不著嗎？」才相見又道別，心靈激盪；但能離亂見眞情，已夠心滿意足，才說得出輕逸話。

「妳更要保重，血壓高，切記按時吃藥，心平氣和；年紀大了，寫文章是消遣，不必趕夜工。多活幾年，多見幾面，這是我人生路上，最後的盼望，請爲我保重妳自己。」你背向兒子，捏著我的手指，眼眶裡注滿了淚水。

「只要娘家爭氣，她希望的能實現，她會回來的，不會在異鄉作異客，我保證。」老師來到你我中間，兩手搭在你我的肩上，語重心長的說。

不上高山，不顯平地；到中國走走看看，確知美國人輕易擁有的自由法治與生活富足，竟是既古老又現代的中國，還在學習走路的幼兒階段。掌權人發願想做亞洲的巨龍，不是一蹴可得，須先有龍能，才會有龍威。

（美國「國際日報」副刊一九九三年十一月卅日至十二月五日。）

第四輯　長安有路

婦女耳語

婦女在社會上，不論事業多麼成功，回到家裏，便是丈夫的妻子，孩子的媽媽；因此，婦女在家中的角色，是製造幸福快樂的園丁。

做主婦，最能表現女性的才華，擅長佈置的，把家佈置得雅緻溫暖，喜歡插花的，將院子裏的花花草草摘下來，巧手剪幾下，放進花瓶，就成了獨家風格的花道，廚藝出衆的，經常花樣翻新的做可口小菜，讓丈夫孩子吃得津津有味，自己也盡了照顧家人胃口的責任。

女人天性愛家，結婚幾年後，就想生個孩子，給家裏增添樂趣。而女人，最偉大的成就，便是做母親；孩子由妳懷孕，由妳生下，妳創造了生命；由妳餵養，由妳教育，妳爲家國，培育了人才。母親是二十四小時開放的服務台，默默操勞，甘願侍候，聽不到掌聲叫好，仍然不停的做，母親所付出的，是永不枯竭的源頭。身爲母親，做家中不會枯竭的源頭，是安慰，更是驕傲。所以，有些婦女，甘心在家裏做主婦，當全職母親，親眼看孩子的成長過程，拍下孩子童年歡樂的照片，錄下孩子生活的影片，留給子女人生最珍貴的紀念。

爲人妻的，自認婚姻生活滿意，就要用智慧與技巧來維持，而維持美滿的婚姻，要像活動的標靶，隨著日出日落，移動標靶的位置。倘若發現丈夫的神情不對，得立刻調整標靶的方位，保持適當穩定；夫妻關係，不只是肉身相連，合法地位，更重要的是精神結合。雖然夫妻兩人，平時各忙各的，各有自己的天空，沒有時間聊天，但夫妻的心思，要求永遠相連在一起；兩性關係，必須相互滋養，才不會枯瘠；像植物與土壤，要使花開得美麗芬芳，就得常給土壤，充足的肥料。

一般來說，婚姻生活持續六七年後，到了孩子上小學的年齡，兩個人對家庭的責任，子女的教育，事業的發展，人際關係等，因著實際情況的變化，需要適應新的環境，重新面對新的事情。這段時間，妻子和丈夫的想法與看法，要交流互通，採用新的方法，面對新的問題，共同成熟。唯有互信互助的團隊合作精神，能幫妳度過困境，若是各自爲政，反使問題複雜難辨。

有時，丈夫的情緒不好，先別猜疑，多給他一些獨處時間，去淡化情緒；若淡化的時間遲緩，就包容丈夫的情緒，不要反彈，等情緒過了，自然雨過天晴。如果丈夫的言行異於常態，突然這不舒服那不對勁，經常爲小事生氣，不要用心理學或邏輯學去分析歸類，假如丈夫已邁入壯年尾期，也許正是丈夫的更年期反應。這時，需用愛心擁抱丈夫，當他恢復正常，會衷心的感激妳。

每個人，都不喜歡自己的缺點，被別人赤裸裸地揭出來，事實上，每個人有不同的缺點。既然自己也有缺點，又何必挑剔人家的不是？相處的時間久，見怪不怪，也就自然適應。多數的女人，喜歡靜心聽自己說話的男人，喜歡反應靈敏的男人；而且他的反應，要跟著自己的思路走；我認爲眞誠的愛心，遠勝過一流的表演。

婦女在家中，長期做賢妻，做超級媽媽。有的媽媽要上班，奔波在家庭與事業之間，女強人的名聲有了，但卻沒有了生活情趣。這時，要注意自己心底的耳語，聽聽自己心裏的話，不要勉強自己做烈士，做女英雄。女人的承擔力雖強，但心裏常有大小不等的活結死結，自己感覺不服氣，或內心矛盾，選個適當機會，與丈夫坦白詳談，或去短期度假，在輕鬆平和的氣氛下，該商量的商量，該分擔的分擔；遇到不同意見，用溝通的方法，一次又一次的懇談，不能對立或走極端。妻子在丈夫面前，要表面迷糊，心裏精明；而有些妻子，多是表面精明—伶牙俐齒，態度強橫，而心裏還沒拿定主意，下一步棋怎麼走？夫妻相處，小事忍讓，大事必須公平公道。

聰明的女性，知道善用自己的長處；面貌美麗的人，以貌悅人，思想靈活的人，用思想悅人，能言善道的人，以幽默風趣悅人，能做拿手好菜的，用美食悅人；所謂悅人，是發揮自己的長處，不浪費天賦資源，而不是降低格調，玷污自己。因爲，這些長處，到處用得上，藉以幫助自己打通關，或可說是社交方式，柔性的政治手段。

身兼數職的婦女，要把自己扮演的角色，劃分得清楚明確—家庭是家庭，工作是工作，心態與態度，完全不同。現代社會，各行各業，都有女性在工作，傑出的婦女，提昇了女性的地位。婦女可以獨立門戶，自給自養，可婚可不婚。四十歲的女人，還是「單身貴族」的先進國家，到處可見；喜歡兩人世界，結了婚還在過戀愛生活，沒有「無後爲大」的顧慮，這是廿一世紀的風尚。有人說—四十歲以後的女人，容貌由自己負責，心境由自己負責。

職業婦女，社會常識要豐富，才容易和各階層的人士交談，以顯示自己的學養。既是知識分子，應當關心社會問題，國家大事，表現有識之士的情懷與理念。女性知識分子的特有慈心，適合投入社會做義工，許多濟貧救災的活動，人溺己溺的善行，正可發揮女性的耐心與仁心。

美國的幾個大城市，都有中國女性組織的婦女會；婦女會的社會責任，是靜聽姊妹們的悲痛細訴，擦乾姐妹們的眼淚，伸出溫暖的手，給予精神上的安全感。我在洛城蒙市天主教堂，設有一個長青會，每個星期天的彌撒後，爲教友們推拿按摩，有病治病，沒病暖心；小小服務，是關愛的動力，愈做愈有興趣，也就愈人和；長時間的持續服務，覺得生命樹上，確是長年青綠。

（發表於洛城・文苑）

處處有路通長安

老師常說——積金千兩，不如明解經書；長大後，瞭解多讀古書，可以引發新思想，思想愈新，應用愈廣。

退休在家，時間任自己使用，重讀經典書籍，從而興起嘗試寫作，於是，動筆寫過去見聞及現在時事，投寄報社；不多時，文章登在報上，並有插圖添情趣，忽然，覺得天生我材亦有用。

有次，寫一篇「憶圓環小吃」，寄去臺灣投稿，收到報社轉來斷線老友的信，她說——幸好妳改行爬格子，否則，人海茫茫，不知妳在何處？更有那久不見面的新臺幣，綠色藍色咖啡色，一張張從信封裡滑出，這種小小快樂，卻是大大欣慰。證明「若有綠楊繫馬，處處有路通長安」。

稿費不能養口，但有暖爐般的溫熱，是份實質鼓勵，便決定正式擺攤鬻文。首先調整佈置，將大書桌移到長窗前，以室內植物作屏障，籐籃裡放幾本古書名著，牆上掛些墨寶格言，小天地中飄著書香，油然心淨，肯定了心覺不在屋寬，靜中自能安身。

我習慣文章中用典故，如此，容易說明事理。偶爾查證典故，能夠溫故知新，或產生聯想。例如：從王勃的「海內存知己，天涯若比鄰」，順便看到曹植的「丈夫志四海，萬里猶比鄰」。從王維詩中的「勸君更盡一杯酒，西出陽關無故人」，聯想到蘇軾的「人有悲歡離合，月有陰晴圓缺，此事古難全；但願人長久，千里共嬋娟。」讓自己的思想在古文學中散步，調節現實生活的刻板。這種精神喜樂，唯沉浸於寫作的人，才感覺得到。

我喜歡用筆寫作，當字句湧出腦海，會反覆的想，篩出用句，這正是訓練腦力；當思考成熟，下筆爲文，且能一路順風，這便是享受寫作。退休人的時間，在緩慢中消耗，消耗中抽繭取絲，小有收成。用電腦寫作的文友，認爲科技時代把壓力加在手上，是虐待手，我以爲有手不用，是輕視手的功用，同時，藉此練字。既然手腦健康，應不辜負他們的本能；將近老年，還能手腦合作，也算福氣，即使列爲二十一世紀的鄉巴佬，也心甘情願。

寫作人應有文責，文責不只是紙上講道理，也得有引導迷糊人的善行，也是助人爲樂。住在紐約皇后區時，連續三次被偷，而且是同一個賊，每次只偷現金。有天，外出回家，開門進屋，看見有個乾瘦矮小的中國男孩，坐在地上撕抽屜裡的信封。他聽到門聲看見我，立刻爬起想跑，顯然，坐久了腿麻，剛站起又跌倒，似乎扭了腳，他尷尬地坐著呆望。

我取下衣架上的灰棉手套，這是第二次遭偷，我在地上撿到的。

「這隻手套，是你忘記帶走的吧？」我怒眼看他。

他的頭左右歪動，皺著眉看手套，身子抖了一下，無力地點點頭。

「你偷過我幾次？」我瞪眼逼視。

他舉起三根手指，是黃而髒的手指。

「你說，你說！爲什麼偷我三次？」我激動得舉手想打他。

他乾瘦的雙手抱住頭，身體埋在腿溝裡。

「你這小鬼，連偷三次，還不說話。今天被我逮到了，正好報警。」我吼著走向電話。

當他告訴我—他和父親及越南鄉親，乘木船逃難，在海上歷險遭災，忍飢飄流。從紐約州偷渡上岸，父親在紐澤西餐館工作，每星期四回紐約看他一次，父親替他租了一個床位睡覺，那地庫共有三十五個床位，沒有廚房。父親留給他的錢不夠吃飯，經常挨餓，他就到附近人家偷錢買飯吃。

「你爸爸爲什麼不多給吃飯錢？」我疑心他說謊。

「爸爸說——越南的奶奶媽媽也要吃飯，每個月要寄吃飯錢回去，爸爸賺的錢，只夠四個人活著，不夠吃飽。」他用髒手，連連拭淚。

我拉他起身，帶他去華人天主教堂，請求相神父准他打掃教堂清潔，待遇是每天吃三餐。這件酸苦事，提供我三篇文章的資料，登出後，稿費送給「偷我三次的賊」，教他買些衫褲，換掉身上的髒衣服。他愣著眼不動，突然，緊抱住我，我含淚帶笑的摟著他。若不寫作，遇到任何題材，不致觸動心弦，寫成文章。

寫作能溫古人事，也可留住自己的感動事。寫作像一條河流，想放進什麼，隨心所欲；故事人物，鮮明地在河上浮游。或將恕人克己、事留餘地的理念，寫進主角言行，因而引發讀者共鳴，和讀者作朋友，或遇相激相蕩事，揮筆暢表，也就愈寫愈得心應手。如同洒香水，洒得多，散得多，提昇了生活趣味。

對樂意從事的工作，做起來輕鬆愉快，甚至有份貪愛；若能從樂觀思想中流露悅人文章，自能樂中生樂。以我的體驗，天地間的諸多行業，寫作具有多樣性的樂趣。

所以，我說—處處有路通長安。

「臺灣新生報」副刊一九九五年七月一日

春在黃河

黃河，水經黃土高原，捲著黃土泥沙，奔騰萬里，是中國的水上長城。流到陝西邊境，接納了渭水，這是黃河的最大支流。渭水流過咸陽，轉進長安縣，縣內的潏水，爲渭水的一條支流。潏水在翠華山下淌過，灌溉農田，供農民飲用，是黃河水系的緩流。

馳名遐邇的國立中正中學，位於長安縣南郊的太乙宮，校舍依山（翠華山）面水（潏水）。潏水彎入校內，河床變窄，縮成小溪。溪水流經綠林，繞過教室，拐進女生宿舍。女生們早晚用水，全賴潏水。春天，吻著潏水漱洗，冬天，敲開冰層淨面。

抗日戰爭末期，國家瀕臨生死存亡的最後關頭，軍民奮起保衛國土。當時，蔣中正委員長呼出力量集中的口號，動員兵力，抵抗日寇。爲讓堅守國土的將士們，沒有後顧的對日抗戰，蔣中正委員長毅然委托西北軍統領胡宗南將軍，創辦中正中學，旨意在安頓學齡軍人子弟及安定軍心。胡將軍銜令，積極籌劃，在西安南郊太乙宮，買進六百畝土地，設校建舍，中正中學遂於一九四一年秋季成立。這是一所供吃、供穿、供住，以及免付學雜費的六年制中學，專爲教育軍人子弟的全公費國立學校。由於胡將軍是黃埔軍校第七分校的校長，有能力承擔龐大的經費支出，校長高化臣先生，畢業於日本東京帝國大學，心懷以教育救國的宏願，具有高瞻遠見，故而到後方各公立學校，精選良師。學校擁有一流教師，將士們更加努力報國。在抗戰末期，許多青少年流離失所，而我們這群軍人子弟，能在山明水秀的太乙宮塑立品格雛型，在良師的灌輸教導下，爲知識紮根生芽。

受戰亂影響，軍人少能定居一處，因著戰亂，糧食奇缺，難得溫飽。如今，軍人子弟吃飽穿暖外，還有國立中學讀書。爲此，將士們放心把年僅十二歲上下的孩子，從各省市送來報考。有幸錄取的孩子，從此活命有望，或可成龍成鳳。

老師們爲感謝蔣委員長的用心良苦，高校長的禮遇重用，都能竭盡全力，傳授課業，更常在課餘時間，提醒學生們，必須愛鄉愛國，飲水思源，凡喝黃河水的，就是黃河人的意念。地理老師張中會，蓄意加強學生的印象，每上地理課必畫地圖。他說：「中國的領土遼闊，物產豐富，名山名水，名勝古跡多。所以，一面手中畫，一面就把中國的版圖印在心上，不致將長江黃河流經的地區弄混淆。」因此，小小年紀的學生們，心靈上留著地大的驕傲，土親的快樂。

一群沒有獨立能力的孩子，剛離開母親的照顧，生活中的大小事，得自己去做，需要調教適應。高初中八位音樂老師，因著實際環境，需要增加朝氣，爲配合情況，蓬勃課外活動，便組成合唱團及國樂社，於每週末練習，使三千學生，有生活樂趣。老師們利用假期，帶著學生，扛著物品，到太行山或軍營勞軍，鼓舞士氣，盡點棉力。另有一組男女獨唱隊，將藝術歌中的本事、問、故鄉、紅豆詞、我住長江頭、教我如何不想他等名曲，帶至戰地醫院或電台，一遍遍地唱，直到唱紅唱熱，人人會唱。

一九四九年，大陸變色，成批流亡學生，強擠上軍艦到臺灣，在舉目無親的臺北街頭盲逛，期望碰到熟人。有次，正面走來一位似曾相識的美姑娘，對著我喚：「喂！妳是那個唱教我如何不想他的小女生嗎？妳也來臺灣了？」記不得對方的名字，卻沒忘掉好聽的歌名，證明好歌會流傳得長遠。

※　※　※　※

生命的列車，從大陸渡海到臺北，轉越南、香港、再飛飄到紐約；漫長的旅程，人已疲累，歇步在美國。

歲月進入老年，離開塵土飛揚，擇地久居。生活在安寧中，常愛回顧，尤其是少年時期，曾經磨鍊我、培育我，影響我的人與事，經常浮上心頭。興趣起時，想去尋訪曾經去過的地方，相識的故人。

天主總在子民期盼時，出現奇蹟—讓我在異鄉巧遇中正學長晉君。晉學長是馬里蘭州立大學教授；大陸正式開放，常有許多中國學人，派到馬大進修英語。更奇妙的是學人中有位中正校友，晉學長將校友成煥的電話號碼給我，使我有緣同斷線的隔世人搭上線。

初到美國，處處陌生，晉學長是我的生活導師；如今，又領我踏上精神大路。

撥通電話，濃重的陝西口音，拉近了距離，彼此搶著說話，超速度的將數十年的變遷，傾倒給對方，猶覺未盡，約期見面。

一九八五年九月十八日，我第一次踏進紐約中國大使館，金字黑門內，大廳右側的沙發上，端坐著表情木然，面色黃乾，穿著鬆垮西裝的男士。見我走進，弓著腰站起，一言不發的呆看我，我報出姓名，他沒作聲，拉開黑門，走出使館。走到十字路口，我問往哪走？「自由女神。」成煥答完，沉默地走著。我帶成煥乘地鐵搭輪船，去瞻仰自由女神。

我們排長龍進口，經螺旋梯步步登高，愈高梯愈窄，到達女神頭頂，我雙腿疲軟，汗如雨下。成煥從小窗向外望，晴空無雲，海水碧藍，飛鳥翱翔。他深深嘆了口氣，想是羨慕天空任鳥飛的自由。

請成煥到唐人街吃中國菜。他認識幾位我班上的人，尤其初一時，同我一起爲班上編壁報的劉繼道，他倆曾一道在西北大學讀英語系，後來同時在不同學校升職作系主任，所以私交篤厚。

「妳願意的話，可以回國看看，去母校走走，拾回一些少年記憶，還可以見到一些同學。」成煥眼神中露出誠意，他已放鬆情緒。

「有這種想法，謝謝你的邀請。」我爽快地答。

「我願意搭『橋』，告訴國內中正同學，有個海外遊子要還鄉。我陪妳去爬翠華山，用潏水的水泡茶喝。潏水是黃河的支流，黃河是中華民族的母親，妳將回到母親的懷抱。」他淡淡地笑。

「好極了，一言爲定啊！」我們站起握手。

這頓飯吃了兩小時。我在唐人街的禮品店，買了一座自由女神小銅像送給成煥，象徵自由含義。

※　※　※　※

就要飛越萬里，看我思念的黃土地。浩瀚的黃土高原，因著乾旱不雨，而後黃土碎裂，每當大風吹起，塵沙捲飛，像是地上躍起黃色巨龍，直騰半空。

西北高原早寒，冬令時長，偶爾下雨，滴水成冰。抗戰末期，人民克難活命，學校的軍服棉少布粗，每天凌晨五時許，在零下二十度的氣溫中晨跑，暖身禦寒。慶幸青澀年代，滾過泥沙冰寒，對日後臺灣歲月的艱困，異國奮鬥的勞苦，挑荷得容易。

空中小姐，播報西安快到了。埋在掌心的臉，迅速貼近機上小窗。窗外，綿綿山脈，雖有雲層半遮，確是秦嶺山脈；側過臉，看見河流細長彎曲，該是渭水；那曾經飲過千次的濁水，就是它的支流，就是黃河水。能再飲一次黃河水，心笑了。

飛機沿著秦嶺北麓緩行，心卻飛出機窗，尋找秦嶺山系的翠華山；惟見層層梯田，金黃色的小麥，披著夕陽舞動，因著光度深淺，像是大自然的印象派畫。

飛機開始下降，滿是塵沙的機場，如同臺灣南部的火車站。同座的美國佬見我看得愁眉。

「妳第一次來吧！這是一座荒城，貧民很多，不要對它抱著希望。」老美對我說。

「它是古城，中國歷史上的周朝、秦朝、漢朝、唐朝都在這裏建都，其中有許多出名的皇帝。四十多年前，我在這裏讀書，後來又改朝換代了，隨著家人，去了美國。」我答得滿意。

「是嗎？上帝呀！妳在這裡住幾天，就知道了我的感覺。」美國佬不以爲然。

我踩著塵土，走著望著，似曾相識，卻更陌生。隱約地聽到有人喚我，看見一群人向我招手，我奔了過去。人群中，除了紐約見過的成煥，一排對我傻望的人，我也傻望著。

「叫人名呀！全是同班的。」成煥催著。

眼睛在十多個人的臉上流轉，來來回回好幾趟，不敢叫，不忍叫；男男女女，頭髮灰白，臉刻風霜，兩眼無神，找不出青春稚氣的原貌，人名在口中打個轉，又嚥回去。

老同學不忍看我的窘相，自動報出姓名，音濁聲澀，對不上號。能夠再見，就是有緣。緣在心裏著火，心熱了，不必叫。

邁出海關，驟見「西安」二字，豎在關口。我激動地抱住木牌說：

「西安，美國佬說你是荒城，我說你是我的精神母親。」站在周圍的成煥、斌齡、秀娟、玉海、希儒、震鍾、久昌熱烈鼓掌，是歡迎，也是贊同。

一伙人搭車到人民大廈，這是斌齡代我訂的住處。

「晚飯在我家吃，歡迎妳回來。還有爾寧、繼信，沒到機場接妳，會到家裡來看妳。」秀娟掃視大家。

「這麼多人到妳家吃飯，會不會把妳一個月的糧票吃光了？」我知道他們不寬裕。

「妳的機票比我的飯錢貴。人回來了，人情更貴重，願意的話，住到我家來，天天做給妳吃。」秀娟是我入學到畢業的好友。

秀娟做了一桌江浙菜，切工細，味道鮮。飯後點心是水晶餅，這是陝西省久負盛名的甜點，走親訪友常備的禮品。

吃飯中間，話題繞著抗日戰爭、赤化悲苦、經濟開放說，人人有成筐的話題。

「今天中國民航遲到兩個多小時，斌齡騎自行車回師範大學打電話問消息，秀娟分秒沒停的做家鄉菜，遊子從紐約坐飛機到東京，轉廣州來西安，也是疲睏。咱們今天提早休息，明天清早，去太乙宮母校，先了結遊子的『思鄉心結』。明早八點，我領出租車來人民大廈帶遊子，一路順道接人，請各位在自家門口等著。」成煥宣佈。

衆人贊成，沒有異議。

「想吃什麼，我先買好。買些西安土點心，妳會喜歡的。」久昌悄聲說。

「西安的柿子餅，艷紅透明，非常好吃，你幫我買幾個吧。」我答。

劉繼信拿了一個桌上的新鮮柿子，靜靜地剝去柿皮，揚揚眉，給我。

※ ※ ※ ※

車經過礦業學院，適有國外教授，在校內演講，車輛不得通過，斌齡經驗豐富，把我給他的名片遞給警察。

「哦！紐約仁愛中文學校校長。是來演講的嗎？」警察謙恭的問。

「當然是了，已經來遲了。」久昌氣壯的說。

兩位警察彎腰鞠躬，就在他們再次彎腰時，司機忽地開車走了。

「怎麼這樣？太荒謬了。」我不解地問。

「不算荒謬。西安是個僻遠城市，看到妳這身打扮，還有紐約校長的名片，不是冒牌。只是通行，唬得住。」久昌得意地說。

從西安到太乙宮，路經韋曲。唐末詩人韋莊的故里，就在韋曲。韋莊的先輩韋見素，唐朝昭宗乾寧年間，做過宰相，韋見素也是詩人。詩到唐末，已發展到極致，漸漸地演變到詞的文體。所以，在韋莊的作品中有詩有詞。南唐的李後主，很佩服韋莊的文才，尤其是「洛陽城裏春光好，洛陽才子他鄉老」的天才詞句。車行不久，又過杜曲，是唐朝詩聖杜甫的故居。杜甫與祖父杜審言，以詩聞名，享譽詩壇。

路經楊虎城墓園，下車拍了張照片。想起楊虎城部隊，在西安事變那幾天，把國軍眷屬集體關在黑窰洞裏禁錮，我被毒蠍螫腫了右臉，痛的印象至今還在。整個墓園，不見憑弔人，顯然當年的英雄，已被後人遺忘。他的合作人張學良，雖然活著，也不提當年勇，真正的內情，將與人同葬。

西安距離太乙宮三十公里，汽車坐久了，很累，大家下車活動筋骨。我把帶來的可口可樂分給同學們解渴。

「這玩意兒有什麼好喝？三元人民幣一罐，十來個人喝掉我幾天的工資，美國人很浪費。」

斌齡不接飲料。

「不一定好喝，只是生活中普通的飲料；由於生活環境不同，習慣不同，或可說是資本主義與社會主義的價值觀不同吧！」我簡易的答。

略略活動，閑聊一陣，繼續坐車。

遠方，青綠的翠華山聳立在淡雲中。我興奮地叫著：「我看見翠華山了。」汽車行進太乙宮街道，映入眼簾的是熟悉的土牆瓦屋；村民身著布衣、腰圍寬帶、腳穿膠鞋、手端大老碗，蹲在屋前，埋頭吃麵。五十年前至此，毛澤東革命半世紀，沒有革掉百姓的舊習。太乙宮的村民，淳樸保守，留住的風貌，讓我感覺親切，我請司機停車。下了車，一步一步走向教育我的大搖籃。馬路上舖了一層薄薄地柏油，路面不寬。恰好今天是「趕集日」，村民在馬路兩旁擺地攤，糧食、土產、乾果、手編竹籃、陶瓷用品、手工布鞋、圍裙、手帕、帽子、羊毛、狼皮……那些少年時穿用過的東西，還留在村民的生活裡，這是沒有都市色彩的農村境況。

選購了幾件手揑的泥兔泥羊，俏巧的兔臉羊頭，揑得傳神。

「大家抬頭看右邊。」秀娟喊叫。

抬頭望去，不假思索的前奔，跨過布鞋攤，越過狼皮，飛也似的奔到母校門口，仰望改了容顏，換了名稱的中正中學大門。黑字柳體的「西安翻譯學院」木牌，高矗在磚柱上。我像見到久別的親娘，親切中含著酸苦，抱著冰冷的磚柱，哀痛地大哭。哭江山變色，哭人事已非，哭少年不再，哭五十年的飄泊傷悲……多少斷腸事，多少心上痍，決隄般湧出……想是哭昏了，睜開眼，人在秀娟懷裏，久昌遞來一粒藥丸。「快用口水嚥下，妳的臉色不好。」斌齡年長，經驗豐富。

在樹蔭下歇了一會，精神又起。成煥當嚮導，走著說著，這是當年的醫務室，那是教官室，旁邊是音樂教室……走到一棵高瘦老邁的三叉樹前，久昌舉起相機，啪！啪！拍照片。

「你們記得嗎？三叉樹是那年代貼佈告的地方，教務處和訓導處的通令，學生記功記過，遺失招領、掛號信件，全貼釘在這棵樹上的喜憂通報板上。一九四八年國軍光復延安時，學校曾在這裡貼過喜報。」成煥撫著老樹幹的皴皮，像老友般親暱。

「我最記得常來看有沒有掛號信，盼望媽媽給的零用錢，已經寄來了。」我躍起身，摘了幾片樹葉，用紙巾包住，放進皮包。

斜坡上古廟式的瓦房，大門油漆剝落，滿佈污塵，顯得老舊衰邁。

「這就是學生們敬而遠之的訓導處，有人進去過嗎？」斌齡問，沒有人回應。也許有，但沒人要說自己的糗事。

坡腰上，圍著兩排土牆，牆內立著幾間矮屋，破陋殘舊。

「唉呀！這是女生宿舍吧!?每年冬天下大雪的時候，女生們坐進洗臉盆，稍稍使力，滑著衝下坡去，到潏水旁邊洗臉。北方寒冷，幾場大雪，潏水結冰，得用石塊敲開冰層，舀出凍水，才有水洗臉，把臉洗得刺痛，牙刷得發抖。不小心凍水溜進胃裡，冰身冰心，很不好受。」我回想著，悠悠地說。

「倒也是一種磨煉，我讀到高中畢業，用這些凍水洗臉刷牙六年，蘊育出堅忍的性格，才承受住十年的嚴寒。」秀娟眼望老同學們，大陸同學點頭認同。

我和秀娟牽著手，疾走到水涯。河床變窄，淺水細流，雜草浮動。我撥開雜草，掬水洗臉；秋天的河水清涼而不冰冷，可以洗可以喝。這黃河水系的潏水，供我們飲用，予我們磨煉，使我們頂得住風霜，挺到老年，來見潏水。我不自覺地跪在岸邊泥沙上，再次用潏水洗臉，洗出了淚水。一熱一涼的水，觸動稚情，張口在水中，飲水入胃，融進血液。我們同是黃河水養大的，雖沒經過文革洗禮，但五十年閱歷，喝過淡水、湄公河水、香港水，還有美國加州的礦泉水。我最喜歡的是甘甜清涼的潏水，因爲它是我心裡的活水。

「噠的噠噠！的噠的噠！的噠的的！的噠噠噠！」成煥宏亮的男聲，學吹起床號，並且學起學生自編的起床歌：「天已明亮，催豬起床，我來喚豬，豬在床上。」

歌聲喚起十五分鐘內，完成穿衣、洗臉、刷牙、打綁腿的記憶。小小年紀，要打軍人用的長綁腿，還要在小腿上反折成花式，常是愈急愈亂。綁不合格時，總在天不亮的晨跑中，綁腿鬆了，絆倒自己，影響後面，於是一倒一堆，疊在一起。

「有誰告訴我，綁腿有多長？爲什麼常是女生摔倒？」感覺當年的綁腿，眞像裹腳布般厭煩。

「我們穿的衣服用的綁腿，都是七分校學生的，當然不合我們的尺寸。另一個原因，是時間不夠。十五分鐘，要做完那麼多事，輪到打綁腿，匆忙纏上，跑一圈就鬆了……。」斌齡摔過，自白著。

秀娟不願聽，想是曾摔倒過。她拖我進土門，追憶當年的女生宿舍。高初中住在不同的大屋，中間天井是晒衣場，五彩繽紛。每當晚自習前，初中女生膽子大，扯著嗓門唱京戲、秦腔、河南梆子，好不好聽沒人在乎，唱得高興，大家拍手，笑得開心。高中學姐，經常站在屋門口，氣鼓鼓地說：「小祖宗們！聲音小點好不好？女生宿舍的瓦，快被妳們的聲音震掉下來。」

小女生們不理，把嗓子拉得更高，亂唱。

「妳們沒有長耳朵嗎？」學姐吼著。

「聽到了。妳們是高中生，有橋牌玩、毛衣織、戀愛談。我們什麼都不會，只會唱戲。」學姐氣走了，我們得意地繼續唱。

想起這些陳年老事，我同秀娟又唱起「王寶釧」來了，她扮王寶釧，我演薛平貴。

「喂！妳們快出來，我們要去操場升旗。」久昌在坡下叫著。

我倆從女生宿舍，競走到操場，五分鐘走了四百多公尺，心中的欣喜，激發著兩腳。

操場縮小了，高寬的升旗台鏟平，晨跑的廣場雜亂荒蕪，唯有升旗台背面的山丘，青蔥如昔，才確定了方位。

「升旗開始。」斌齡面對山丘，立正站著。「山川壯麗，物產豐隆，炎黃世胄，東亞稱雄……。」成煥領唱，衆人同聲齊唱。

「唱校歌。」斌齡發令。

「怒潮澎湃，黨旗飛舞，這是革命的黃埔。主義需貫徹，紀律莫放鬆，預備做奮鬥的先鋒……。」雄亮的歌聲似振奮劑，各個精神抖擻，活力在體內發酵，不由得正步走著。離開操場，去尋訪教室舊址。

「初中一年級有四班，教室背鄰濇水，面對飯場。飯場地上擺放着菜盆，我坐在教室裡，隔窗能看到。看到菜盆，胃就叫了。所以我肯定這間房子，是我們班的教室。」久昌信心十足。

我伸頭向內探，屋內有床有桌；有人床上睡覺，有人桌旁看書。原來的國立中正中學，是培育國軍子弟的基地，如今改為「西安翻譯學院」，學生人數僅只數百，往日過多的教室，充作宿舍用，比棄而不用，感覺上安慰些。

步出校門，直往翠華山，山林蒼綠。記起國文老師孫藝秋自編自唱的歌：「歲月催人鬢欲斑，一年辛苦翠華山，揚鞭又上樊川道，誰為先生唱陽關。」在天翻地動的時代，老師學生獨自走天涯的，都是自己唱歌自己聽。

登山口的洋橋，是學生們下課後閒逛的去處；橋下的潏水，是學生洗衣玩耍的地方。緩步走過洋橋，橋下潏水清澈依舊，只是少了稚氣的叫笑。我在橋尾佇立著，回想當年十二歲的小女孩，在河水流過的大石頭上，洗粗布衣褲、床單被套、麻紗蚊帳，洗完鋪在河岸石堆上晒乾。人躺在白石頭上，耳聽潺潺水聲，眼看巴金小說家、春、秋。至今我仍記得，巴金在「秋」中說的「並沒有一個永久的秋天。秋天過了，春天就會來的。」是的，要熬過秋，才看得到春。我在流離歲月中，扛得起艱苦，不只是經過磨煉，更重要的是相信春天會來。

潛意識的觸動，促我走下洋橋，沿著夢魂常臨的潏水，走著想著。河水已淺，往日河裡的大小亂石，今已堆砌成規整堤岸。我好奇地尋找當年洗衣服的大石，來回走了幾趟，不知道我的大石頭，住在堤的哪一邊。過橋的村人，停著傻看，或在想—這是個過客吧！是個飄流在異鄉的歸人吧！對滈水這麼癡情，陪妳看吧！

「喂！上橋吧！不去爬山啦！我們的肚子餓了，先去吃飯，我請妳吃羊肉泡饃。」久昌在西安礦業學院任科研處處長，身有餘錢。

「羊肉泡饃？好哇！太乙宮吃得到嗎？」我在夢裡吃過許多次。

「羊肉泡饃在西安，就像美國的麥當勞，到處吃得到。」斌齡接口。

太乙宮街上，掛著羊肉泡饃招牌的有兩處鋪家，我們走進門面大的一家。一句羊肉泡饃，免去看菜單的麻煩。

吃羊肉泡饃，要自己掰饃成粒，愈細愈佳，容易入味。大家掰著說著，當年老師同學的特點趣事，都在話題中。

「我最記得地理老師，他每教一省，要畫一省地圖。他不只介紹山川氣候，還講物產人文、灌溉土地與人類的關係。他講到山東曲阜，強調地靈人傑，就便把孔子的倫理道德灌進學生腦袋。他認爲土地長稻麥供人活命，人吃了稻麥要記住土地對人的貢獻。人活著肩負文化的承先啓後，保住文化的根，才沒有白吃糧食。」成煥是西安師範大學的教師，不忘教書人的本色。

「地理老師張中會，現在是師範大學的教授。他今年八十三歲了，已經退休，一個人住在學校宿舍，沒人照顧。我們去看張老師吧！」成煥接著說。爲師的人，希望學生敬重。

「我有個提議—我們班的外地同學，想來西安替張老師過八十三大壽，更好說是謝師宴。過去年紀小，沒能力，現在做得到。難得有海外同學回來，一齊來做，熱鬧些。」秀娟提議，一致通過。

同學們的收入，都限在三百元人民幣上下，又沒外快。我自願負擔遠道來參加者的食住、餐宴等費用，如此可能來的人數多些。

一週後，從各地來到西安的老師同學有十八人，加上本地同學，共計二十五位。負責接待的同學，將大家安排在同一住處。雖然彼此數十年沒見，略有澀訥，但情誼尚在；起初，稍帶生疏，後來因著情緒鬆綁，興奮升起；沒多久，返老還童的天眞，少年時的怪相，在久別重逢的歡悅中，整個二樓，沸騰得像辦喜事。

西安同學是地主群，自動組成服務小組，由興業、爾寧、福順、李華、秀娟、震鍾分頭負責。此爲五十年來首次大型聚會，大家拋開年齡、性別、職務、形象，搶著做事，邊說邊做，傾倒苦樂。有人哭得叫老天爺，有人笑得涕淚齊流。

「沒派工作，自願做事，是發揮咱們當年有苦同擔的精神。服務小組是領導群，應該多做事，老師同學有任何事，隨時提出，我們樂意效勞。」爾寧是西安新華社的主任記者，不失記者本能。

「訓育主任劉介夫，每日一訓，要我們記住正法第一信，誠實第一命，服務第一味。訓了六年，這次服務大家，辨辨甘苦。」福順家在西安，從工作單位，內蒙古礦地趕來服務，有其誠眞的意願。

「哇！領導！叫起來有特別意義。」我第一次有機會叫領導。

「妳來自民主自由國家，能做到還鄉隨俗，反應夠快。有事需要服務嗎？」爾寧正經地問。

「覺得新鮮，叫一聲過癮。」我搖頭笑答。

「美國土包子，把我們掛在口上叫的領導，當新鮮，在我們看來，妳才是新鮮人。」他們笑得拍手，我內心有份界外人的辛酸。

※　※　※　※

希儒遠從內蒙古呼和浩特趕到，給壽星張中會老師，捎來一件灘羊皮襖，以他微薄的大學教授收入，是一個半月的工資，算是很厚的禮物。同學們推舉希儒和我，專程去張中會老師家，恭請接受謝師兼祝壽的餐會。希儒曾去過，領著我左彎右拐，找到師範大學教授宿舍。

一排樓房的中段，石階陡直，爬得心驚。爬到五樓，我已氣喘，稍停，找到門牌，依約推門入內；狹小的客廳，緊接廚房，光線黯淡，且有油煙味。眼睛掃了一圈，看到張老師蜷臥在灰黑的沙發裡假寐，聽見聲音，惺忪的睡眼，迷糊地看著我們。希儒報出兩人的姓名和班級，老師點頭，表示聽到，他用手一指，示意坐下。希儒靠近沙發，說明來意。由於長久沒見面又來得匆遽，老師沒答，室內一片沉寂。

靈機一動，將我帶來送給張老師的隨身聽，放在桌上，按下電鈕。預先放在隨身聽中的磁帶，播出抗戰時期流行的「畢業歌」。張老師睜大眼，驚訝地張望，然後坐直身體，他蒼白的臉上，露出喜色，右手無力的搔著稀疏的頭髮，似乎在想什麼。歌聲使老師的眼睛閃著亮。

「同學們大家起來，擔負起天下的興亡。」猝然，老師悲涼地唱了一句。

希儒同我接著唱：「我們今天是桃李芬芳，明天是社會的棟樑。」老師手敲桌沿，打著節拍，三個人合唱：「我們今天弦歌在一堂，明天要掀起民族自救的巨浪。巨浪，巨浪，不斷地增長……。」老師唱得激動，湧出老淚，用衣袖拭著，拭著，掩面不語。希儒抱住老師的手臂。

「老師，十年文革，您受苦了吧！」老師仰起頭，長嘆一聲又低下頭，看得出老師心中的沉痛與鬱結。

「王同學從美國回來看望老師同學。已經去過太乙宮，到校園裡尋了一圈，她蹲在潏水邊灌了一瓶水，挖了一包太乙土，要帶回美國供著。您從前說過—河流如血管。我們這班學生，把潏水當成命脈，畢業五十二年，我回到太乙宮二十六次，每次都會帶些潏水回內蒙古，經常倒幾滴在茶杯裡，告訴自己要飲水思源。」希儒哽咽的說。

「在學校教書的時候，我常嫌潏水不深，養育不起三千生龍活虎的學生。你們知道，抗戰進入第七年，國家的財政非常困難，經費短缺，伙食不好，一小盆豆芽菜煮豆腐，供六個人吃。看到你們在槓子饃上抹辣椒醬，那是菜的份量不夠啊！我們教書的先生，每月所發的麵粉，養著老中小三代人，都是年年難過年年過，處處無家處處家。物質奇缺，再難過也得過，好在精神不頹喪。隔了半個世紀吧！這半個世紀，活在共產黨的慘酷折磨中，痛苦不堪。王同學飛出去，又飛回來，難得，難得。」老師伸出枯瘪的雙手，我走去握住。

「您是我們的恩師，我們兩個特地來請您參加謝師宴，我在西安飯莊，定了兩桌酒席，有十二種精製點心，十二道名貴好菜，十二加十二是二十四，這個數字很好。中國不是有二十四孝嗎？談不上孝，只是表示一點孝意。我們班上來了二十五個孝子孝女，給您慶祝八十三歲大壽。」我表明來意。

「今天的大陸，少有二十四孝，儒家傳統不管用了。現在是一切向錢看，官僚橫行，道德低落，就像黃河的泥沙，愈積愈多。唉！悲哀喲！」社會脫序，老師失望了。

「老師，別嘆氣，說咱們自己的事吧！您訂個日期，我們這群老來少，要逗您開心。」我再次握住老師的雙手。

「別用謝師宴過大壽的詞，太隆重了，我已經退休，哪天都可以，我一定出席。」老師注視牆上，他在太乙宮翠華山拍的照片。

西安飯莊，位於東大街鬧市區，二樓設有套房，在套房中，席開兩桌。甫坐定，話聲四起，從國變家散，風災、水患、人禍，到衆人奔東南西北謀生，臨老還能和少年時的初中老師同學再相見，這比四喜詩中的「他鄉遇故知」更難得可貴。

這是開放後的觀光飯莊，服務小姐身著鑲邊祺袍，頭束髮髻，耳掛玉葉；可惜未經職業訓練，一臉寒霜，聲粗語硬。好在端來的十二種色香引人的點心，受人歡迎，吃得滿意，忘了後娘嘴臉。約隔三十分鐘，十二道正菜，陸續上桌。服務小姐介紹桌上菜名。例如八國聯軍攻進京城，慈禧太后逃難到西安，李蓮英爲太后找來充饑的山芋，御膳房炸成橙黃小球，澆些蜂蜜，撒上白芝麻，取名「蜜汁珍珠」，慈禧吃了唸唸不忘。毛澤東獨鍾的「蒸武昌魚」，沒加醬油調料，卻是鮮嫩美味，是廚師藝高一等。服務小姐介紹完一道道的好吃名菜，又一聲聲勸喝「桂花稠酒」。甜濃香的稠酒，因爲酒度低，不易醉，是不會喝酒的最愛。老師同學興致勃勃地吃喝，成了酒不醉人人自醉的瀟洒客。在向張中會老師敬酒祝壽致謝時，壽比南山、江山不老、恩澤難忘……都出口了。這喜相逢的聚會，有諸多雜感，懷著離索、災患、倖存……，不同的情況牽累。

「稠酒眞好喝，愈喝愈開懷，幾十年來，難得有這種歡暢情緒。我來唱首當年教過你們的英語歌，我用歌聲酣娛，調和大家的百結千緒。記得詞的同學，跟著我唱，記不得詞的，跟著哼，壯個聲勢。」英文老師吳傳璋，起身對衆人唱：

Twinkle, Twinkle, Little Star,
How I Wonder What You Are.
Up Above the World So High,
Like a Diamond in the Sky.
閃呀閃呀小星星，
我多麼想知道你的究竟；
你高高地掛在地球上空，
像一顆鑽石鑲在天庭。

唱興掀起，音樂老師吳雄智彎曲著身軀，站立在兩桌中間，用哀傷的眼神，在衆人臉上悠看。記得在中正中學，吳老師英挺地站在台上，拉著提琴，教學生唱歌。文革十年，他被紅衛兵當衆掌頰，寒冬掛著木牌掃街。如今，銀髮下的皴臉，抹著沉厚的憂傷，留著折磨痕跡。

「你們還記得這把提琴吧？它休息了五十三年，當我知道要和太乙宮的知音人見面，特別從籐箱中拿出來，擦掉塵垢。雖然很久沒有用它，試試琴音，還能用。我來拉當年作曲填詞的「夜」給你們聽，讓我們從歌聲裡回想中正生活。音樂老師高舉提琴，讓兩桌中正人辨認。

秀娟是女高音，琴聲響起，她主動帶頭唱：

「夜無聲無息沉下來，把污穢世界全部掩蓋，更不分美醜優劣好歹，一齊使它們忘記存在。無邊的寧靜，啊！充滿了和平、慈愛。」

歌詞的內涵，引師生們走進時光隧道。大約在一九四三年，錦繡河山相繼陷敵，日本軍隊已攻佔洛陽，直逼潼關，西安岌岌可危，物質上艱苦至極。學生們的每日兩餐，質和量都不夠。晚自習的時候，利用煤油燈燒小魚小蝦、毛豆、玉米充饑，在胼手胝足中，克難度日。

「教書先生，生活也不優越，都在克難。不過，都還勤奮。吳老師，當年我們倆合作過，還記得你作曲我寫詞的那首『別情』嗎?拉拉看,有這麼多人,大家唱唱。」孫藝秋老師說罷,吳老師已將提琴托在肩上。

「千尺流水,百里長江,煙波一片茫茫。離情別緒,隨波流蕩,不知流到何方!?」孫藝秋老師啞著嗓子,幽情的唱。這是中日戰爭結束,有些老師、學生,要回老家,孫老師寫詞,吳老師譜曲,作爲對返鄉人的送別曲。這首歌,在校園內風行一時。今天唱歌的人,心中無限愴涼。

「在校園唱這首別情曲,心裡有一別難見的離愁。現在,時代再起變化,我們重逢了,還能再進中正校園,那是我們的心頭有個環,緊緊掛在翠華山。是不是?」那錚仁是國文教師,一語醒人。

「那錚仁說的,是大家的心聲。我寫了一首打油詩,同大家分享——一別經年音訊無,今日相聚西京秋。翠華山月依然在,滈河流水聲悠悠。希望有共鳴。」池曦朝是當年班長,現在是北京聯合大學中文系主任。果然一鳴驚人,大家以掌聲表示共鳴。

「我缺少文才。不過,也還有些眞情回顧。我吟詠給大家聽—太乙一別五十秋,少年往事情悠悠。默默苦讀油燈下,朗朗高歌柿樹周,清晨漱洗小河邊,假日嬉戲大橋頭。坎坷半生難回首,切盼餘輝映九洲。」李震鍾一字字詠完,緩緩坐下。他寫得樸實,贏得叫好。

「你們班上有文才的人不少。這是受太乙宮靈山靈水的影響吧!?既然話題已談到個人事情上，就來說說自己的情況吧！」孫老師關心學生的半生經歷。

「王輔仁很有成就。他是北京民族學院的研究所所長。大陸的同學中，只有他到過臺灣，在臺北開會演講。他寫過幾篇蒙藏兩族在臺灣的生活報導，由於工作勞累，五年以前去世了。」輔仁的好友久昌代言。

「由於我們有幾位好數學老師，例如李復初、閻昌齡、宋憲亭等，班上就出了幾位數理人才。張秀群就是突出的一個。他是中國化工部設計院高級工程師，電腦專家、研究室主任，爲國家發展經濟作出了貢獻。」趙正中緊接著說。

「劉爾寧很棒。他是西安新華社的主任記者。新華社是金字招牌，我在臺灣、香港、越南教書的時候，報上天天有新華社的消息和社論文章。爾寧在胡耀邦時代，報上登的『經濟論壇』，多是他精研的卓見，很受推崇。」我曾在香港文匯報上看過他的報導。

「同學中，唯一提名中國科學院院士候選人的是李震鍾，他是西北農林科技大學畜牧系主任，曾先後到美國佐治亞大學和加州戴維斯大學作交換學人。他兼任中國農業部『教學指導委員會』的工作整十年，組織全國各農業院校編寫畜牧學教材八十七種，並親自主編五本教科書和一本專著，目前是『家畜生態』雜誌的主編、中國家畜生態學研究會理事長、陝西省決策諮詢委員會委員，得到了國務院的終身成就津貼，很有資格當院士。」李希儒如數家珍般說著。

「喂！李希儒，你也是內蒙古農牧大學畜牧系的主任，所以就大力宣傳畜牧。我們不開農場，說那麼多幹什麼？還有你弟李希斌，也是中正高材生；現在是北京航空工業部設計室的總工程師，很優秀啊！」西安師範大學教育系的掌門人斌齡，提出反彈。

「都很不錯，記得你們班上，有位數學才女，得過一袋洋麵的獎勵，名字貼在大槐樹上的佈告欄裡。她是否還繼續研究數學？也在什麼大學當系主任？」孫藝秋老師關心地詢問。

「我知道老師說的是誰。她在北京一家小報作編輯工作，收入微薄，很少參加同學們的聚會活動。」金耀消息靈通。

四周沉鬱，起飛的經濟，沒使人人溫飽。顯然，存在著境況不同，甘苦有別。

「曹寶昇也是系主任，他在瀋陽藝術學院工作，翻譯過兩本美國文學作品，成績不錯。」我打破鬱悶。

「我們有位心臟病專家，他去過南非，在那裡替黑人做心臟手術，技術一流。他是湖南騾子，苦幹能幹，南非人強留著他，他也就留在南非做心臟科醫生。他就是南京的陶紫閣。」成煥在南京住過，曾被治過心臟病。

「你們看，我旁邊坐的是女工程師瞿秀娟，她是西安電力研究所的高級工程師。他丈夫李繼曾也是中正同學，比我們高一班……」李震鍾還沒講完。

薛甲鼎手上捧著一個小盒，在每人座前，放一錠礦石，有的紫色，是紫水晶；有的綠色，是孔雀石；有的是中國玉、水晶等。大家拿起，反覆細看，欣賞意外寶貝。

「我長期在青海做石油工作，榮獲『油田發現一等獎』。採礦研究中，偶爾有些意外發現。這次帶點來送老師同學，當作紀念。這都是原石，經過匠工雕琢，就是美麗的寶石，金店裡賣的，就是這類。」薛甲鼎說完，在我桌上，放了一張小紙條。

「這就應了高校長的訓示『玉不琢，不成器；人不學，不知道』的話。」秀娟加強薛甲鼎的意思。

「我對礦石興起研究，始於在中正中學讀書時，李複初老師的題字『萬物出於同源而又同歸。自然造物，有不可思議之妙，吾人應本賦智力與苦研工夫，努力尋求眞理，追探秘奧，爲科學求進步，爲人類謀幸福。』我爲開採中國玉，下了苦研工夫。王同學遠從美國來，我送她的玉石，是開發出來，雕琢成品後，國內國外，銷路最好的一種，我爲國家找到財源。」甲鼎娓娓道來。

「你在遠來客的桌上，放下一張小紙條，是要外銷中國玉嗎？」久昌疑惑地問。

「不是。是告訴她—我連夜看完她送的『情之鍾』，很有同感。現在，她不遠萬里，回來看舊日同學，我有千言萬語要說，想邀她到舍間作客。」甲鼎靦腆地答。

「這主意不錯，老同學難得見面，把握機會多談談。大陸封閉太久，應該多瞭解國外的事。我來補充幾句李複初老師的情況。他是高校長用十四袋洋麵，由重慶聘來的名師。李老師是當時數學界才子，高校長用心良苦，希望名師出高徒。事實上，名師對學生的啓迪，有一定的作用。」孫老師眼望張老師，兩人默默點頭。

「大陸正在推行改革開放，時興個體創業，玉海在海南島開了三家建築公司，蓋成的新式房舍，銷售一空。接著蓋第二批，這叫錢滾錢。繁榮了海口市容，活絡了經濟動脈。」金耀拿著幾張玉海蓋的樓房照片，證明玉海學有所用。

「話匣子打開忘了吃，十二道點心十二道菜，差不多掃光。今天爲張中會老師祝壽，我同孫藝秋老師合買了一個大蛋糕。咱們暫時打住談話，往後還有幾天相處，可以暢快的聊。先來給壽星唱生日快樂歌。」吳雄智老師說完，立刻奏出生日快樂曲，學生們陸續走到張老師身旁，拍著手唱歌，隨後分切蛋糕，各自拿回座位，若有所思的吃。

「最近幾年，大陸才有蛋糕賣。過去，認爲蛋糕是資本主義的奢侈品。壽星，你有什麼感想，講講吧！今天聚了二十多個人，算是大團圓。咱們都是老年人，再湊這麼多人數，難了。壽星，說點什麼？」吳傳璋老師，當年是校園中最時髦的一位，女學生的眼睛，常在她的裝飾上打轉。

「好的，也該說點什麼，讓你們明白。我們學校，在國家最艱難的一九四一年成立的。國當時，大部份的國土，已經被日本鬼子侵佔，或遭濫炸，百姓不能生存，或被共軍盤据。國軍對外抗日，對內抗共，軍人的流動性很大，無力兼顧家庭。蔣委員長心懷遠見，爲使時刻遷移逃難的軍人子弟，不因局勢動亂而輟學，決定在比較安定的大後方，辦一所具有初高中的學校。那時，胡宗南將軍負責保衛大西北，他的兵力及軍事學校都在西安。於是，選中不受戰爭襲擊威脅的翠華山下作校址，開始買地蓋房建校。老師負責籌備招生開學，胡將軍擔當各項開支。胡將軍是黃埔軍校第七分校的校長，他把中正中學學生的名字，列入第七分校的編制。學生可享全額公費，每個月配發一袋麵粉，給在校學生作主食；每年冬夏各發軍裝一套。由於供吃住和免繳學雜費，大後方各地的軍人子弟，紛來報考，人數直線上升，學校辦到第三年，人數接近三千。一九四四年元旦，蔣委員長和胡將軍，在七分校大操場閱兵。中正中學的學生全部參加，浩浩蕩蕩的學生隊，從太乙宮走到王曲，由黎明前走到太陽上升。閱兵大典開始，走了十五里路的初中女生，竟然在蔣委員長同胡將軍的吉普車經過的一刻，昏倒在雪地裡，好在有醫療人員急救。

「那次檢閱，委員長和胡將軍看到那麼多學生，很有成就感。在多數難民經常沒吃沒穿的窮困時期，軍人子弟有吃有穿，有正規學校受教育。高校長爲讓前方將士安心放心，特別高薪禮聘學品兼具的好老師教你們。加上我們學校的地理位置非常好，高而秀拔的翠華山，天天看也不厭。貫穿校園的潏水，是黃河的支流，你們日看黃水流，夜聽黃水聲，喝的用的都是黃河水，是黃河水養大的孩子，黃河是你們的母親。這位母親養大的孩子，性格樸實堅強。從你們剛才提到的同學成績來看，高校長重聘的好老師，起了很大作用，你們自己也沒有辜負老師和環境。幸好當時我沒有偷懶，今天吃這頓飯，不覺得臉紅。」張老師眞實懇切的話，感動了在座的師生。當年他上地理課時，每堂課總是先畫地圖，再以顏色筆畫出山川物產，很認眞。

「你們這群在戰爭中成長的孩子，親眼看到中國人用血肉身軀同日本鬼子拚命。後來發生內亂，紅禍更殘酷，製造了又一次生死離散，使大家隔別五十多年。這次來參加的倖存人，懷著猶如隔世的心情。我是忍住眼淚來看別人，也送自己給別人看。」英文老師拭著淚說。

「我有糖尿病、風濕痛，平常很少出遠門。這趟由蘭州來西安，除了很想見到老同事老學生們，還想就近去看黃帝陵。司馬遷史記五帝本記中，肯定的說：『黃帝崩，葬橋山。』黃帝陵佔地廣闊，明朝洪武年起，列入祀典。這位軒轅黃帝，是最早開發陝西北部的人。他發明曆法、貨幣；妻子嫘祖養蠶取絲，史官倉頡，創造象形文字，從此有了文明。軒轅帶動人民，從游牧漸進到農耕，使中原地區，成爲中國最早的經濟開發地。因爲軒轅黃帝有智慧，有卓見，才有炎黃文化基礎。凡沒去過的，一同去向老祖宗敬香。」孫藝秋老師的建議，有三分之二的人願意同行。

「這幾年，老友親人凋零得快；據說老師學生走了八九個，需要把握機會。在座的老師學生，都已風燭殘年，也許明年腳走不動了，誰能肯定還有下一次呢？」音樂老師抱著提琴，半合著眼說。

只有少數沒去過太乙宮母校的人，要去找尋少年足跡，沒去橋山。

※　※　※　※

黃帝陵位於陝西省黃陵縣北面，一公里遠的橋山之顚。工作小組租了一輛遊覽車，路經渭河，河床已拓寬，河水卻變淺。汽車飛馳過橋，穿過銅川市，直奔橋山。車行約四小時，衆人在登山口下車，首遊軒轅廟，古老宏偉的廟院，林木蒼青，古蹟文物，典雅雋拔。出了廟門，先坐登山車，再走石板路，然後登石階上山。軒轅帝高葬在橋山頂，走了約三百石階，依稀聽見肅穆老邁的鐘聲，悠揚地響著。再走十餘分鐘，看見輕煙裊裊飛散，古樸壯實的黃帝陵三個字，雄立山頂。山頂廣場，有幾族人群，黃旗隊寫著新馬華僑，紅旗隊寫著紐約華僑，人數最多的是香港隊。不論來自何處，敬香時次序井然，沒有喧嘩，顯然帶著慎終追憶的情懷而來。

孫藝秋老師率領中正師生，面對軒轅黃帝，恭敬地跪在棉墊上，喃喃低語，然後高舉大把長香，當希斌敲響銅鐘，香煙上升，香灰落在老師抖動的手上，希儒雙手接過香把，插進長方形的銅香爐裡。孫老師眼望巨大的軒轅黃帝石碑，連連叩頭，熱淚在乾瘦的臉上滾流。

「老祖宗啊！中國人把祖先看作神靈，肯定祖先會保祐後代子孫。所以，海外的中華兒女，飄洋過海，成群結隊來向您求平安。我祈望海峽兩岸不要打仗，我們這群師生，是因國共戰爭分開半個世紀有多。海峽兩岸，先和平共存，和平競爭，穩定中雙方壯大，再和平統一。這是子民的心聲。」孫老師兩手撐著站起，吳傳璋老師接著跪下，接著說話。

「以往，歲時春日少，百姓苦日多；但願將來，歲時春日多，百姓苦日少。那時，國內人民，伸開雙手，歡迎海外遊子回到故國家園，落葉歸根。少年同學，老年相伴，享受春日……。」吳老師話沒說完，緊閉雙目，眼淚濟然流下。

「吳老師，請別哭，我會常來看您。有一天落葉歸根了，陪您唱『閃呀閃呀小星星』。」

我跪在吳老師身邊，輕輕地說。

「告訴大家，敲鐘的時候可以許願，許一次，敲一下。我替大家敲鐘，你們來許願。」

希斌兩手抱住湯碗粗的長木樁，使勁一撞，鐘聲洪亮，隨風飛揚。

「妳是遠道來的，去許個願吧！」吳老師轉頭對我說。我扶老師起身，兩人往古鐘走。剎那間，許願的人排成長龍，我離隊去買草茶喝。

「想問問妳，在美國有祭祖活動嗎？」另位教音樂的男吳老師，走近我說。

「在美國沒有春節假期，照常上班。子女信不同的宗教，家裡沒有先祖牌位；我每年參加天主教會舉辦的祭祖活動。曾經有學人創辦『文化中國』，由於環境和習俗不同，沒有推動。就我知道，多數中國人認同儒家思想。」我照實回答。

「還算不錯。天主教會唱中文歌曲嗎？」

「唱。洛杉磯有不同地方來的中國人，會唱不同的中文歌曲，例如國語、粵語、臺語。」

「好現象。還記得我教的『憶兒時』嗎？」吳老師臉露微笑。

「記得。唱給老師聽聽─春去秋來，歲月如流，遊子傷飄泊。回憶兒時，家居嬉戲，光景宛如昨。茅屋三間，老梅一樹，樹底迷藏捉。高枝啼鳥，小川游魚，曾把閑情托。兒時歡樂，斯樂不可作。兒時歡樂，斯樂不可作。」老師用提琴伴奏，引來男女合音。

廣場上的祭祖群，敬香許願後，隨意觀看，聽到歌聲，走來湊熱鬧。

「咦！你們怎麼會唱李叔同的『憶兒時』？是抗戰時期住過重慶、西安嗎？」我訝異的問。

「我是湖北人·抗戰末期，逃到大後方避難，在西安東門外的尊德女中讀了一年，日本人就投降了。我會唱當時的流行歌曲，這是我表哥，他當時在西安市東南中學讀高中，比我高兩班。現在，我們家族都在吉隆坡住。」竟然曾經住在同一城市，音樂使雙方的距離靠近，有喜相逢的感覺。

「是件好事。海外的中國人，散居不同地方，會唱同樣的歌。好機會，我們來重溫一次舊夢。大家跟我來。」音樂老師向散立的人招手。音樂細胞跳舞了。

吳老師精神煥發，快步領先，數十位男女老人緊跟其後，走到黃帝陵左側空地駐腳。他站上石桌，端起提琴，一言不發，奏起藝術歌曲「念故鄉」。有位女高音，高亮柔潤的唱著，她姿態高雅的站在石桌旁，雙手合攏，表情沉憂扣人。她唱得專業，沒人合音。

「念故鄉，念故鄉，故鄉眞可愛；天甚清，風甚涼，鄉愁陣陣來。故鄉人，今如何?常念念不忘。在他鄉，一孤客，寂寞又凄涼。我願意，回故鄉，重溫舊生活；衆親友，聚一堂，重享從前樂……。」後兩句太高，許是長久沒唱，中氣不足，但掌聲仍然熱烈持久。

「唱得眞好，是位專家。」我用響亮掌聲，表示佩服。

「她在香港教音樂課，名氣很大，現在退休了，在家裡教學生。」一位西裝男士讚賞說。

「太感動了，離開祖國，移居他鄉，對半世紀以前的老歌，琅琅唱出，唱得很有水平，敬佩！我很敬佩。我看到你們舉的旗幟不同，是代表的地區不同。可是，都不影響你們是中華好兒女。」吳老師對著仰望他的群衆說。

「我們從紐約搭飛機到廣州，再由廣州飛來西安，在西安租到巴士來橋山。當年，生在黃河流域，是道地黃河兒女。到現在，還會唱黃水謠。」一位肥壯的銀髮老人，將紐約的旗幟插在背上，把在軒轅廟裡買的笛子，用手帕擦淨，試試音域，老練的吹起冼星海的黃水謠。吳老師反應迅速，隨即托起琴伴奏，沒人指揮，衆人同唱：

「黃水奔流向東方，河流萬里長。水又急，浪又高，奔騰叫嘯如虎狼。開河渠，築堤防，河東千里成平壤。麥苗肥啊！豆花香，男女老幼喜洋洋。自從鬼子來，百姓遭了殃，奸淫燒殺，一片凄涼，扶老攜幼，四處逃亡……。」

笛聲與琴音，帶著大家唱進回憶，回憶中有迷惘感傷。合奏結束，歌聲未止。衆人的心思，還沉浸在往昔的哀痛裡，有人繼續唱，有人悄悄走開。所以，只有寥寥掌聲。

「請問老先生，抗戰時期，您住在什麼地方？」我敬重的問。

「我是河南省陝縣人，家住黃河邊。」他爽快地答。

「您好福氣，可以看黃河湍急的流，咆哮的吼。什麼時候離開家鄉的？」我進一步瞭解。

「黃水奔騰不羈，流向萬里之外。我比黃河流得更遠。一九四二年，我參加遠征軍，流到臺灣。在臺灣成家立業，子女長大了，留學美國，我跟班當伙伕，現在身上沒有責任了，回來拜謝老祖宗的保祐。」他有識的說。

「您看來身體健康，才智仍在。您從紐約坐飛機到廣州轉西安，單程就要二十小時，再搭巴士來橋山，也得四個小時左右，只爲延綿傳統。萬里歸來，還把抗戰老歌『黃水謠』，吹得熟練有情。您的民族情懷，讓我佩服。」我眞實的說。

「看妳的年齡，必然知道，四千多年前，中國最初的帝王炎帝，他教導人民種植五穀，利用草藥治病，發明琴瑟樂器及弓箭等，是最早的賢能君王。其後，陝西北部的黃帝崛起，日益壯大，打敗炎帝。黃帝聰明能幹仁慈，很有氣勢，相傳發明曆法、算術、貨幣、器具；他妻子發明養蠶取絲做衣服等等。優秀的中華民族，是炎帝和黃帝建立起來的，所以，我們都自稱爲炎黃子孫。我本人希望遠在大陸以外的華人，都能認同自己是中華民族的一份子，隔些時候，回來給軒轅黃帝敬一柱香。人要有根的思想，才活得有精神。」說罷，老人放妥笛子，去趕他的紐約隊群。

音樂老師被新馬華僑隊的老人們圍著，在唱黃自作曲的「抗敵歌」，最後一段「大衆合力將國保，血正沸，氣正豪，仇不報，恨不消，群策群力團結牢，拚將頭顱爲國拋。」這種熱情，這份豪氣，如今少見。

「中國開放後，我每隔一年，組團來橋山，順便看看黃河流域的風景。同我一起來的新馬華僑，也都承認黃河是中國文化的搖籃，黃帝是中國人的祖先。」在新加坡中文報社服務的長者，對音樂老師說。

「五十多年前，我是這群學生的音樂老師。所以，帶著提琴來橋山，大家同樂。今天，看到這麼多不同地方來的海外僑胞，好興奮。你們唱抗戰老歌，沒有漏詞唱錯，我很感佩。我代表國內的人民，向你感謝。當然，國內人民要更加爭氣，才對得起不忘祖國的你們。」

吳老師舉手敬禮，在他附近，站著的中正學生，不約而同的向老者行軍禮。這舉動，是五十二年前，升降旗的時候，對著青天白日滿地紅的國旗，敬禮的姿勢。今天，還能大致相同的舉起右手，放在眉梢上，老學生們的臉上，現出會心微笑。

※　※　※　※

謁黃帝陵和探訪母校的兩組人，先後回到住所，大家同叫累，又叫樂。秀娟家在西安，熱心好客，邀請老師同學再去她家吃飯，爲大家餞行，大家願作饕餮客。

「秀娟，我能點一樣柿子餅嗎？記得當年的西大街，好多羊肉泡饃，糖炒栗子、柿子餅店。我這次回來，沒有看到柿子餅店。」我懷念西安小吃。

「大陸開放後，經濟起飛了，個體戶特多。現在，街道拓寬，平房改建成樓房，小生意的柿子餅店，已經淪爲路邊攤，和糖炒栗子同一檔次，便宜得很。妳回美國那天，我買兩包給妳帶走。」希儒代答。

「爾寧、震鍾，你們倆是這次聚會活動的領導，負責領老師、同學來我家。我要去買菜，先回去準備。晚上見。」秀娟笑吟吟地離去。

「秀娟的拿手菜很多，都是慧心巧手做出來的，我常吃，保證滿意。她家在文藝路，我認得，不會領錯路。大家去歇歇吧！」爾寧說完，晃著身體去休息了。

走過大街穿小巷，來到秀娟家。客廳擺了兩個圓桌，拚在一起；已經放著冷盤和桂花稠酒。大家坐定後，秀娟的女兒，端上一道道好菜。福順自動服務，替衆人酌上桂花稠酒，桌上散著酒香，引人垂涎。

「我還在廚房做菜，西安的同學代我招待。我先敬老師們一杯，同學們自己開懷吃喝。我今天的菜量很足，保你們都吃飽。」秀娟敬過酒，走進廚房。

張中會老師的胃功能差，吃得慢而少；音樂老師的牙多殘缺，當熱騰騰地芋頭燒鴨上桌，只有孫藝秋老師吃得笑瞇瞇。吳傳璋老師喜歡吃銀芽雞絲，她說切功細，顏色清，味道好。我愛吃牛肉炒竹筍，這道菜，最早被吃光。

「秀娟，大陸窮了幾十年，妳怎麼會做這麼多花錢的好菜？」這些美餚，超出能力。當秀娟坐下，我不解的問。

「解放前，我爸爸是鐵路局長，媽媽生了十一個孩子。爸爸的薪水，全用在吃上。我是老二，常在廚房做助手。解放後，愛人是咱們中正的李繼曾，我們兩個恩愛一生，就把跟媽媽學會的本事，用在自己家裡。我把丈夫和五個孩子，養得身體健康，臉色紅潤。」秀娟一臉滿足。

「不得了，眞偉大，向妳致敬。」我舉杯敬酒，大家端杯致敬。

飯後，秀娟女兒給大家遞上熱毛巾；抹淨餐桌，然後捧著兩盤新鮮柿子餅，放在桌子上。秀娟也端出兩盤潔白藕片，喜歡吃甜食的我，竊竊高興。

「我用的原料便宜，只要花點工夫做，窮人也能吃到像樣的甜品。」秀娟謙虛的說。

「從妳今天做的這幾道菜看來，手藝果眞一流，丈夫孩子都有口福。」吳傳璋老師說。

「我愛人的胃吸收力弱，我盡量做些不同口味，讓他多吃一點，加強體力。可惜他的口福不長久。」秀娟丈夫胃癌早逝，大家不再談敏感話題。

「從軒轅廟到黃帝陵的路上，有很多賣工藝品和土產品的人，看得出下崗人員，在遊覽區域找到了活路。」甲鼎轉移話題。

「那群海外華僑，不管老翁老婦，都在攤位上買了些紀念品，人民的謀生方式，已多樣化。也好，政府解決不了，人民還要活命啊！」張中會老師感觸地說。

「歐陽修說：『人情重懷土，飛鳥思故鄉。』是很自然的內心情感。」孫藝秋老師更深一層的說明。

「思鄉情懷，在海外，表現於多方面上。例如：有華人的地方，有中文報紙，有中文學校，有中國人的各類社團。今年，全美國舉辦『海華中國歷史文化中文徵文比賽』，題目是：一、華裔在美的展望；二、中國水災的成因與防治。我是高級組的評審，發現參賽學生的文章，內容充實而有建設性和遠見。還有洛杉磯的中文學校，今年舉行國語詩詞朗誦比賽，分爲初中高三組，每組有指定詩詞。例如：初級組是白居易的『觀游魚』，中級組是白居易的『草』，高級組是崔顥的『黃鶴樓』，團體組是蘇軾的『水調歌頭』。我受聘作裁判，看到每組都有推陳出新的精采表現，參賽學生字句清亮，優雅愼微。這是中華文化，在海外推廣發揚。」我將中華文化植根海外的事實說出來。

「這現象非常好，要能年年舉辦，形成風行，就有影響力了。」吳雄智老師說。

「是在做。海外華人，採用各種方式弘揚中華文化。例如，成立中文廣播電台、中文電視、京劇社、易經社、話劇社等，照目前的趨勢，還在擴大推廣。」我回答。

「水有源，故其流不窮；木有根，故其生不窮。那些遠道來拜祭黃帝陵的人，具有飲水思源，返鄉尋根的心態。而曾經在國內受教育，後來定居海外的人，謀生之餘，還能宣揚中華文化，難能可貴。站在教書人的立場，覺得安慰。我在教你們的那幾年，提醒自己，多用些心血，多督促你們，做個盡職的老師，畢竟學校課業是正餐，不能讓學生營養不良。」張中會老師有感的說。

「講到這裡，我想起一件事。班上一群人，陪美國回來的同學去太乙宮，她找到了當年的伙房，坐到一堆陳年乾麥稭上。斌齡拉她起來，替她拿掉粘在身上的麥稭。她抓了一撮麥稭，用紙巾一包，放進皮包。她說：黃河水養活麥子，麥子養活她，她要把麥稭帶回美國作紀念。」爾寧手指著我說。

「這種心情我明白，我住在蘭州，偏愛黃河水系的渭河，我可以從甘肅的渭河，聯想到西安，以及渭河的支流滈水。我的青春，你們的成長，都和滈水有密切關係。在感情上，今生不會褪色。」孫老師對太乙宮，情有所繫。

「這次短暫的聚會，不能忘記的謝師宴，都是我生存的維他命。在這塊遼闊的土地上，有先祖留下的血汗，奮鬥的歷史；經過朝代演變，成敗興衰，它的名字仍叫中國。海外華僑經過時代沉浮，仍願意萬里歸來，到橋山瞻仰軒轅，這是血緣感情，濃厚的民族情懷。我看到山頂上的縷縷香煙，香煙象徵延綿傳統；傳統有後代人延續，中華文化能在海外流傳，這是華人心裡有共識，有遠略。對我來說，熬過含淚低吟的年代，只是個人歷史的片段。我們這群同學，從一九四三年認識到現在，這段時間變化之大，超過以往的改朝換代。我們也都是風雲變化的見證人，應該爲個人、學校、民族，留下難得的歷史轉變。當我們寫歷史時，如同再過一次青春，壯年歲月……」我還沒說完。

「贊成！我有一個臨時動議，想和孫老師再合作一首新曲，作爲感謝胡將軍創辦中正中學，感謝高校長厚薪聘請好老師，使西安中正中學成爲名校。我們師生合唱新曲，錄上磁帶，呈獻給在臺北的高化臣校長。這是有歷史意義的創作，大家的意思如何？」音樂老師眼望國文老師。

「這動議好極了。即使開夜車，也要加工完成。」孫老師拍手，兩眼炯炯閃光。

「再加一個臨時動議，咱們這裡有個『在那遙遠的地方』的她（他雙眼看我），帶回來一首好聽好唱，又有內容的歌，叫作『中華民族頌』，我們也都學會了。現在，我建議所有學生站出來，唱給老師聽，算是謝師宴圓滿結束，算是延綿中華文化有共鳴，沒異議的請站出。」爾寧很有記者的靈活應對。

「我和震鍾會吹口哨，福順是得過第一名的男高音，還有秀娟，妳和福順來領唱。」興業素來沉靜，緊要時，適時站出，機靈。

興業話說完，大家站出，很有說服力。

「青海的草原，一眼看不完。喜馬拉雅山，峰峰相連到天邊。古聖和先賢，在這裡建家園，風吹雨打中，聳立五千年。中華民族，中華民族，禁得起考驗，只要黃河長江的水不斷。中華民族，中華民族，千秋萬世，直到永遠。」

站立的老學生，用口唱手拍，節奏分明，倍增樂趣。

「我決定把這次回來，經歷的事實眞象，用文字記述。一方面豐富我們的記憶，再方面留住我們的歷史，請你們給我定個書名。」我合掌拜托。

「叫『春在黃河』，黃河不只流在中國的土地上，更流在中國人的心中。能有海內外的中華民族人傳薪，肯定中華文化，會像黃水般長流。我也決定，同音樂老師的二度合作曲叫『春在黃河』。不同的表達方式，相同的歷史意義」，國文老師孫藝秋毅然的說。

音樂老師，悄悄走到國文老師身側，奏出趙元任作曲的「唱！唱！唱！」這是音樂老師五十三年前教的合唱曲。如今，合唱人的年齡雖老，但歌聲清亮，春在心上，春不老。

國家圖書館出版品預行編目資料

春在黃河 / 王仙著. -- 初版. -- 臺北市：文史哲,
民 : 90
面 ； 公分. -- (文學叢刊 ; 132)
ISBN 957-549-388-5 (平裝)

855 90016409

文學叢刊 ⑬②

春在黃河

著 者：王 仙
出版者：文史哲出版社
http://www.lapen.com.tw
e-mail : lapen@ms74.hinet.net
登記證字號：行政院新聞局版臺業字五三三七號
發行人：彭 正 雄
發行所：文史哲出版社
印刷者：文史哲出版社
臺北市羅斯福路一段七十二巷四號
郵政劃撥帳號：一六一八〇一七五
電話 886-2-23511028・傳真 886-2-23965656
實價新臺幣二六〇元
中華民國九十年(2001)十二月初版

ISBN 957-549-388-5